Quirin v. Senger

Könige, Krieger und Götter: Antike Brettspiele

Geschichte, Strategie und Regelwerk der klassischen Brettspiele

Inhaltsverzeichnis

DAS SCHACHSPIEL: URSPRUNG UND ENTWICKLUNG VON WEST BIS OST 178

Einleitung: Die Faszination antiker Brettspiele

Die Ursprünge des Spiels: Eine Reise in die Vergangenheit

Die Anfänge des Brettspielens sind eine Reise tief in die Vergangenheit, weit vor die Zeit aufgezeichneter Geschichte. Die Ursprünge dieser Spiele liegen in der Antike und bieten uns Einblicke in die alltäglichen, spirituellen und gesellschaftlichen Leben unterschiedlicher Kulturen. Diese Reise führt uns durch die stillen Gänge von archäologischen Ausgrabungsstätten, in die prunkvollen Hallen ägyptischer Pharaonen und zu den Wirkplätzen der frühesten Zivilisationen, die ihre Intelligenz und ihre kulturellen Identitäten in Form spielerischer Wettbewerbe wetteiferten.

Die frühesten Beweise für Brettspiele stammen aus dem antiken Mesopotamien, insbesondere aus der Stadt Ur, die heute im Irak liegt. Das „Königliche Spiel von Ur", das auf etwa 2600 v. Chr. datiert wird, ist eines der ältesten bekannten Spiele und wurde in den königlichen Gräbern gefunden.

Die Spielbretter, die man aus dieser Zeit gefunden hat, bestehen aus hochwertigem Holz und sind reich verziert mit Muscheln, roten und blauen Kalksteinen sowie Lapislazuli. Diese Funde legen nahe, dass Spiele nicht nur eine Freizeitbeschäftigung waren, sondern auch eine wichtige kulturelle und zeremonielle Rolle spielten.

Im alten Ägypten war das Brettspiel Senet weitverbreitet. Archäologische Funde belegen, dass Senet von Personen aller sozialen Schichten gespielt wurde, von Königen bis zu einfachen Bürgern. Die ältesten Darstellungen des Spiels finden sich in Wandmalereien und Gräbern, die bis in die Zeit des Alten Reiches (2686-2181 v. Chr.) zurückreichen. Senet wurde nicht nur um des Spielens willen gespielt, sondern hatte auch eine spirituelle Bedeutung. Es symbolisierte den Übergang der Seele ins Jenseits und wurde oft als Grabbeigabe beigesetzt, um den Verstorbenen auf seiner Reise in die nächste Welt zu unterstützen.

Im Alten China entwickelte sich um dieselbe Zeit das Spiel Go, das heute als eines der komplexesten und strategisch anspruchsvollsten Brettspiele der Welt bekannt ist. Historische Aufzeichnungen deuten darauf hin, dass Go mindestens 2500 Jahre alt ist. Es war nicht nur ein Spiel, sondern auch ein Mittel der Selbstbildung und der militärischen Strategie. Chinesische Philosophen und Generäle beschrieben Go als ein Modell für das Gleichgewicht zwischen Chaos und Ordnung und nutzten es, um Lektionen in Geduld und taktischem Denken zu lehren.

Das antike Indien brachte uns Pachisi, ein Spiel, das kulturell tief verankert und in königlichen Palästen genauso beliebt war wie in ärmlichen Hütten. Pachisi, das aus dem Spiel Chaupar hervorging, wurde erstmals im 7. Jahrhundert n. Chr. erwähnt. Das Spielbrett aus Stoff ist in einem Kreuzmuster gestaltet und die Spieler bewegen ihre Figuren basierend auf dem Wurf von Kuhreiherknochen oder in späterer Zeit von Würfeln. Eine Vielzahl von indischen Legenden und Geschichten umfasst Hinweise auf dieses Spiel, was weiter unterstreicht, wie allgegenwärtig und geschätzt es war.

Auch im antiken Rom war das Brettspiel ein fester Bestandteil des kulturellen Lebens. Ludus Latrunculorum, auch als „Die Soldaten" bekannt, war ein strategisches Kriegsspiel, das römische Legionäre zur Unterhaltung und zur Schärfung ihres taktischen Denkens spielten. Historiker glauben, dass es seinen Ursprung im griechischen Petteia hat und von dort von den Römern weiterentwickelt wurde.

Diese Spiele nahmen oft die Form von symbolischen Nachstellungen von Kriegsszenarien an, in denen die Spieler nicht nur ihre Geschicklichkeit, sondern auch ihre strategischen Fähigkeiten unter Beweis stellen mussten. Ein Beispiel für ein solches Kriegsspiel war Hnefatafl, das von den Wikingern entwickelt wurde. Es spiegelte die kriegerische Kultur und das raue Leben der Nordmänner wider, bei dem ein Spieler die Verteidiger und der andere die Angreifer darstellt. Die Regeln und das Layout des Spiels wurden so konzipiert, dass sowohl asymmetrische Taktiken als auch defensive Manöver zu inspirierenden strategischen Tests führen.

Ähnlich verhielt es sich mit dem Skandinavischen Tafl, einer ganzen Familie von asymmetrischen Strategiespielen, die in verschiedenen Varianten in den nordischen Ländern gespielt wurden. Diese Spiele spiegelten die kriegerischen und seefahrerischen Traditionen der Wikinger wider und boten ihren Spielern eine Chance, strategische Planung und schnelle Entscheidungsfindung zu üben.

Die Ursprünge des Brettspiels sind daher nicht nur eine Frage von Wann und Wo, sondern auch eine Frage des Warum. Jedes Spiel, das wir heute als klassischen Vertreter einer alten Zivilisation betrachten, hat tiefe kulturelle Wurzeln und offenbart uns viel über die Psyche und Werte der Menschen, die es entwickelt und gespielt haben. Von religiösen Überzeugungen über militärische Strategien bis hin zu gesellschaftlichen Hierarchien spiegeln diese Spiele eine reiche und facettenreiche Geschichte wider, die noch heute Menschen auf der ganzen Welt fasziniert und begeistert. Sie sind nicht nur stumme Zeugen der Vergangenheit, sondern lebendige Relikte, die uns mit den Menschen und Kulturen vergangener Epochen verbinden.

Kulturen und ihre Spiele: Was Brettspiele über alte Zivilisationen erzählen

Die Geschichte antiker Brettspiele bietet tiefgehende Einblicke in die sozialen, religiösen und strategischen Gedankenwelten vergangener Zivilisationen. Jedes Brettspiel, das von einer alten Kultur entwickelt wurde, erzählt seine eigene Geschichte – eine Geschichte, die nicht nur von Zeitvertreib handelt, sondern auch von kulturellen Werten, Glaubensvorstellungen und sozialen Strukturen. In diesem Abschnitt wollen wir einen genaueren Blick darauf werfen, wie Brettspiele als kulturelle Artefakte fungieren und was sie uns über die Zivilisationen verraten, die sie hervorgebracht haben.

Antike Brettspiele wie das Königliche Spiel von Ur oder Senet dienten nicht nur der Unterhaltung, sondern hatten oft tiefere symbolische und rituelle Bedeutungen. Im alten Mesopotamien beispielsweise war das Königliche Spiel von Ur nicht nur ein Zeitvertreib für die Elite, sondern auch ein Mittel, um über das Leben nach dem Tod nachzudenken. Archäologen haben herausgefunden, dass Spielbretter und -steine oft in Gräbern gefunden wurden, was darauf hindeutet, dass diese Spiele als spirituelle Hilfsmittel gesehen wurden. Das mag darauf zurückzuführen sein, dass das Spielbrett eine Art symbolische Karte für die Reise der Seele ins Jenseits darstellte.

In Ägypten hatte das Spiel Senet eine ähnliche spirituelle Dimension. Das Wort "Senet" bedeutet "Passage", und das Spiel wurde als eine Darstellung des Übergangs ins Jenseits betrachtet. Entsprechende Spielbretter, die in Gräbern gefunden wurden, deuten darauf hin, dass das Spiel rituell gespielt wurde, um den Verstorbenen auf ihrer Reise in die Unterwelt zu helfen. Es ist bemerkenswert, wie komplex die Symbolik dieser Spiele sein konnte, was zeigt, dass sie viel mehr als einfache Freizeitbeschäftigungen waren – sie waren integraler Bestandteil einer ganzheitlichen kulturellen und religiösen Praxis.

Auch in der nordischen Welt hatten Brettspiele wie Hnefatafl eine bedeutende kulturelle Rolle. Hnefatafl, ein strategisches Spiel, das oft als "Wikinger-Schach" bezeichnet wird, spiegelt die kriegerische und strategische Denkweise der Wikinger wider. Es handelt sich bei Hnefatafl um ein asymmetrisches Spiel, bei dem eine kleine Gruppe von Verteidigern gegen eine größere Gruppe von Angreifern antritt. Dies repräsentiert die oft schwierige Verteidigung kleiner, isolierter Siedlungen gegen überlegene feindliche Kräfte –

eine Situation, die für die Wikinger nicht fremd war. Das Spiel lehrt nicht nur strategisches Denken, sondern bringt auch die soziale Struktur und die kriegerischen Werte dieser Kultur zum Ausdruck.

Im antiken China bot das Spiel Go eine andere Art von Einblick in die kulturelle Denkweise. Go, auch als "Weiqi" bekannt, hat eine der längsten kontinuierlichen Spieltraditionen der Welt und ist ein Spiel von außergewöhnlicher strategischer Tiefe. Die Philosophie hinter Go ist stark von den Prinzipien des Daoismus und Konfuzianismus beeinflusst, bei denen Harmonie, Balance und die Bedeutung der Leere zentrale Themen sind. Go symbolisiert nicht nur Konflikt und Eroberung, sondern auch die Notwendigkeit, Leerstellen zu schaffen und zu erhalten, was tief in der chinesischen Denkweise und im strategischen Denken verankert ist.

In Mittelamerika reflektierte das Spiel Patolli die Glücksspielkultur der Azteken, bei der es nicht nur um Unterhaltung ging, sondern auch um soziale Interaktion und religiöse Rituale. Die Azteken sahen das Spiel als eine Möglichkeit, das Schicksal und den Willen der Götter zu interpretieren. Patolli wurde oft um hohe Einsätze gespielt, einschließlich Kleidung, Nahrung und sogar Menschenleben. Die Gladiatorspiele und Opferzeremonien, die in der aztekischen

Kultur eine zentrale Rolle spielten, fanden eine spielerische Entsprechung in Patolli. Es ist faszinierend zu sehen, wie diese Spiele soziale Hierarchien und religiöse Überzeugungen widerspiegelten.

Im Römischen Reich war "Ludus Latrunculorum" ein beliebtes strategisches Spiel unter Soldaten und Bürgern gleichermaßen. Bekannt als das "Spiel der kleinen Diebe", spiegelte dieses Spiel das militärische und strategische Denken des römischen Staates wider. Es zeigte die Bedeutung von Taktik und Planung, die auch im römischen Militärwesen von zentraler Bedeutung waren. Die Regeln von Ludus Latrunculorum, die den Einsatz von Soldaten auf einem Raster beinhalteten, können als eine spielerische Nachbildung von Schlachtplänen und militärischen Manövern angesehen werden.

Diese Betrachtungen zeigen, dass antike Brettspiele weit mehr als einfache Spielsachen waren. Sie waren vielseitige kulturelle Artefakte, die Einblicke in die sozialen Strukturen, Glaubensvorstellungen und strategischen Denkweisen ihrer jeweiligen Zivilisationen bieten. Jede Partie, die gespielt wurde, war nicht nur eine Übung in Strategie oder Glück, sondern auch ein Spiegelbild der Kultur, die das Spiel hervorgebracht hat. Indem wir diese Spiele studieren, können wir ein tieferes Verständnis für die Komplexität und Vielschichtigkeit antiker Zivilisationen gewinnen und die kulturellen Unterschiede und Gemeinsamkeiten zwischen den Gesellschaften der Vergangenheit und unserer heutigen Welt besser nachvollziehen.

Das Erbe antiker Spiele: Warum sie uns bis heute faszinieren

Die Faszination antiker Brettspiele erklärt sich nicht nur aus ihrer langen und farbenreichen Geschichte, sondern auch aus den tiefen kulturellen und sozialen Wurzeln, die sie in den verschiedenen Zivilisationen geschlagen haben. Diese Spiele sind ein Fenster in die Vergangenheit, in die Gedankenwelt und die alltäglichen Tätigkeiten unserer Vorfahren, die uns bis heute in ihren Bann ziehen. Doch das Erbe dieser Spiele geht weit über historische Neugier und archäologische Interesse hinaus.

Antike Brettspiele wie das Königliche Spiel von Ur, Senet oder das Hnefatafl faszinieren uns heute vor allem, weil sie uns die Gelegenheit bieten, eine Verbindung zu alten Kulturen und Menschen zu knüpfen, die vor Tausenden von

Jahren lebten. Während wir die Spielregeln studieren und die Strategien nachvollziehen, sind wir in der Lage, in die Schachzüge und Taktiken jener einzutauchen, die diese Spiele einst spielten. Durch das Spielen dieser historischen Spiele schlüpfen wir gewissermaßen in die Rolle eines Pharaos, eines römischen Legionärs oder eines Wikinger-Häuptlings. Wir erleben ihre Herausforderungen und Freuden, ihre Siege und Niederlagen.

Zudem sind antike Brettspiele ein beeindruckendes Zeugnis menschlicher Kreativität und Innovationsgeist. Jedes dieser Spiele zeugt von der Ingenuität der Kulturen, die sie hervorgebracht haben. Zum Beispiel verlangte das komplexe Spielfeld des Mehen, das wie eine Schlange gewunden war, ausgeklügelte Regeln, die den Verlauf des Spiels bestimmten. Ebenso beeindruckt die strategische Tiefe des Go, das in seiner Einfachheit doch unendliche Möglichkeiten für Taktik und Planung bietet. Indem wir uns mit diesen Spielen beschäftigen, bewundern wir nicht nur das Spiel selbst, sondern auch die Fähigkeit der Menschen, solche durchdachten und komplexen Spiele zu entwickeln.

Die Anziehungskraft dieser antiken Spiele liegt auch in ihrer Universalisierbarkeit. Obwohl sie in verschiedenen Teilen der Welt entstanden sind, teilen sie doch gemeinsame Elemente, die ihre Zeitlosigkeit unterstreichen. Egal, ob in

Mesopotamien, Ägypten, China oder Nordeuropa – überall fanden die Menschen Freude an strategischen Herausforderungen und sozialem Miteinander durch das Spielen. Dies zeigt, dass Brettspiele ein universelles menschliches Bedürfnis befriedigen: Sie bieten sowohl eine intellektuelle Herausforderung als auch eine Möglichkeit, miteinander in Kontakt zu treten und Geschichten zu teilen.

Ein weiterer Aspekt, der die Faszination antiker Brettspiele verstärkt, ist ihre Rolle als kulturelles Vermittlungsinstrument. Durch archäologische Funde und die Erforschung alter Texte lernen wir nicht nur die Spielregeln, sondern auch viel über die Gesellschaften, die diese Spiele spielten. So wissen wir beispielsweise, dass Senet im Alten Ägypten nicht nur ein Spiel war, sondern auch eine spirituelle Bedeutung hatte und oft in Grabbeigaben gefunden wurde. Es symbolisierte den Übergang ins Jenseits und war ein wichtiger Bestandteil der ägyptischen Kultur. Solche Erkenntnisse bereichern unser Verständnis der Vergangenheit und lassen uns die tiefe Bedeutung dieser Spiele in ihrem kulturellen Kontext besser nachvollziehen.

Heute erleben viele dieser alten Brettspiele eine Renaissance. Dank der modernen Technologien wie 3D-Druck und das Internet stehen uns zahlreiche Reproduktionen und digitale Versionen dieser antiken Spiele zur Verfügung. Diese moderne Wiederbelebung ermöglicht es uns, diese historischen Schätze nicht nur zu bewundern, sondern aktiv zu erleben und zu spielen. Brettspiel-Communities und historische Interessengruppen auf der ganzen Welt engagieren sich zunehmend in der Rekonstruktion und im Spiel dieser alten Klassiker. Dabei wird deutlich, dass die Strategien und der Spielspaß, die diese Spiele einst boten, auch heute noch aufregend und erfüllend sind.

Im Kern der Faszination antiker Brettspiele steht die Erkenntnis, dass diese Spiele mehr sind als nur Unterhaltung. Sie sind Relikte einer vergangenen Zeit, die uns Geschichten erzählen, Weisheiten vermitteln und uns an die gemeinsamen Wurzeln der Menschheit erinnern. Indem wir diese Spiele spielen und verstehen, ehren wir das Erbe unserer Vorfahren und halten ihre Traditionen am Leben. Sie erinnern uns daran, dass das Streben nach Wissen, Strategie und Gemeinschaft zeitlose menschliche Eigenschaften sind, die von Generation zu Generation weitergegeben werden.

Das Königliche Spiel von Ur: Die Wiege der Brettspiele

Ursprünge und archäologische Entdeckungen

Das Königliche Spiel von Ur, eines der ältesten bekannten Brettspiele der Menschheitsgeschichte, erlaubt uns einen einzigartigen Einblick in die frühen Zivilisationen des alten Mesopotamiens. Dieses Spiel, dessen Ursprünge bis etwa 2600 v. Chr. zurückreichen, wurde in den Ruinen der antiken Stadt Ur gefunden, die einmal ein blühendes Zentrum der sumerischen Kultur war. Es verkörpert viele Merkmale, die für solche Zivilisationen charakteristisch waren und hat Archäologen und Historikern erheblich dabei geholfen, mehr über die kulturellen und sozialen Strukturen dieser Zeit zu lernen.

Die spektakulärsten Entdeckungen des Königlichen Spiels von Ur wurden 1922 von dem britischen Archäologen Sir Leonard Woolley während einer gemeinsamen Expedition des British Museum und der University of Pennsylvania im sogenannten „Königsfriedhof von Ur" gemacht. Woolley stieß auf mehrere hundert monumentale Grabmäler, die eine Fülle von goldenen Schmuckstücken, Waffen, Wagen und vor allem aufwendig geschnitzte Brettspiele enthielten. Besonders bemerkenswert war der Fund einer aufwendig verzierten Spielplatte aus Lapislazuli, Muschelschalen und roten Kalkstein - ein wahres Kunstwerk seiner Zeit.

Dieses Brett mit den Maßen von etwa 20 x 10 Zentimetern war in zwei verbrückte Hälften unterteilt und besaß zwanzig quadratische Felder, von denen einige kunstvoll dekoriert waren. Der Fund umfasste auch eine Vielzahl von zylindrischen Würfeln und kegelförmigen Spielsteinen, die vermutlich aus Holz, Knochen oder Elfenbein gefertigt waren. Die Anwesenheit dieser hochwertigen Materialien weist darauf hin, dass das Königliche Spiel von Ur wahrscheinlich ein Statussymbol war, das es sich nur die Elite leisten konnte.

Die Spielregeln des Königlichen Spiels von Ur blieben lange ein Rätsel, bis der irische Assyriologe Dr. Irving Finkel, ein Experte für Keilschrifttexte am British Museum, 1980 einige entscheidende Keilschrifttafeln entdeckte. Diese Tafeln enthielten detaillierte Anweisungen für das Spiel und erlaubten, die Mechanismen besser zu verstehen. Es stellte sich

heraus, dass das Spiel eine Art Rennspiel war, bei dem zwei
Spieler ihre Spielsteine über das Brett bewegten, indem sie
das Ergebnis des Wurfs von vierseitigen Würfeln verwen-
deten.

Die Regeln, die Finkel entschlüsselte, zeigten, dass es nicht
nur auf das Glück, sondern auch auf strategisches Denken
ankam. Bestimmte Felder des Brettes boten Vorteile wie zusätzliche Züge oder Schutz vor gegnerischen Steinen. Es
war ein Spiel von Spannung und Taktik, das in vielen Aspekten modernen Brettspielen ähnelt. Dr. Finkel bemerkte
dazu: „Die Mischung aus Glück und Strategie ist sehr reiz-
voll. Man kann sich gut vorstellen, wie Menschen aus verschiedenen sozialen Schichten immer wieder von diesem
Spiel angezogen wurden."

Ein weiterer bemerkenswerter Fund war eine Reihe von Tafeln, die 1930 in der Nähe von Babylon entdeckt wurden
und Hinweise auf ein sumerisches Liederbuch enthielten, in
dem das Spiel erwähnt wird. Diese Quellen deuten darauf
hin, dass das Spiel auch einen religiösen oder spirituellen
Aspekt gehabt haben könnte. Einige Historiker wie Jane
McIntosh argumentieren, dass das Spiel in rituellen Kontexten verwendet wurde und möglicherweise das Leben nach

dem Tod symbolisierte, eine Reise, die von Herausforderungen und Entscheidungen geprägt ist.

Die Entdeckungen, die in Ur gemacht wurden, werfen nicht nur Licht auf ein faszinierendes Spiel der Alten Welt, sondern auch auf die soziale und kulturelle Komplexität der sumerischen Zivilisation. Es zeigt uns, dass Brettspiele nicht nur Unterhaltung waren, sondern tief in die Strukturen und Glaubenssysteme der damaligen Zeit eingebettet waren. Wie Mathew Stolper von der Universität Chicago treffend formuliert: "Das Königliche Spiel von Ur zeigt uns, dass die Menschen schon vor Jahrtausenden Freude daran fanden, intellektuelle Hindernisse zu überwinden und soziale Gemeinschaft zu genießen."

Die fortlaufenden archäologischen Untersuchungen und die wiederholte Betrachtung der Spielmaterialien und Textquellen tragen weiterhin dazu bei, die Geheimnisse dieses alten Spiels zu entschlüsseln. Die spielerischen und rituellen Aspekte des Königlichen Spiels von Ur bieten dabei einen faszinierenden Spiegel der menschlichen Natur und der ewigen Anziehungskraft von Strategie und Wettbewerb.

Spielregeln und Strategien

Das Königliche Spiel von Ur zählt zu den ältesten bekannten Brettspielen der Menschheit, dessen komplexe Regeln und ausgeklügelte Strategien über die Jahrtausende hinweg intrigieren und faszinieren. Die Wiedergabe der Spielregeln beruht hauptsächlich auf den Funden des britischen Archäologen Sir Leonard Woolley in den 1920er Jahren im Kontext der Ruinen von Ur, einer Stadt im alten Mesopotamien, im heutigen Irak. Neben den archäologischen Funden wurde auch das Verständnis von antiken Spielregeln durch die Entschlüsselung eines babylonischen Keilschrift-Tabletts aus dem British Museum wesentlich erweitert.

Grundlegende Spielausstattung:

Das Spielbrett besteht aus zwanzig quadratischen Feldern, angeordnet in einem 4x3 Rechteck rechts und einem 2x3 Rechteck links, verbunden durch eine Brücke von zwei Feldern. Jeder Spieler beginnt das Spiel mit sieben Stücke, symbolisiert durch kegelförmige oder runde Spielsteine, die sich in Design und Farbe unterscheiden und möglicherweise fruchtbarkeitsrituelle oder spirituelle Bedeutung hatten. Die Bewegung der Spielsteine erfolgt anhand von vier pyramidenförmigen Wurfstäbchen, die wie moderne Würfel fungieren.

Spielregeln:

Ziel des Spiels ist es, alle eigenen Spielsteine nach einer vorgeschriebenen Route über das Brett zu bewegen und ins Ziel zu bringen, bevor der Gegner dies tut. Die Spielsteine beginnen außerhalb des Bretts und folgen dann einer durch die Felder vorgegebenen Route. Diese Route ist selbstverständlich bei modernen Interpretationen teilweise spekulativ, kann aber aufgrund der Anordnung und Musterung der Felder rekonstruiert werden.

1. *Start:* Jeder Spieler platziert seine Stücke außerhalb des Spielfelds und beginnt nach erfolgreichem Wurf sie in das Brett zu integrieren.

1. *Wurfstäbchen:* Die Spieler werfen die vier Spielstäbchen, die jeweils zwei markierte und zwei unmarkierte Seiten haben. Die Anzahl an markierten Seiten, die nach oben zeigen, bestimmt die Anzahl der Felder, die ein Spielstein bewegt werden darf. Eine Kombination der Würfe erzeugt Bewegungen von 1 bis 4 Feldern mit der Möglichkeit auf eine zusätzliche Bewegung von Null.

2. *Bewegung:* Der Spieler entscheidet, welcher Spielstein bewegt wird und setzt ihn gemäss der geworfenen Zahl fort.

3. *Interaktion:* Wenn ein Spielstein auf einem vom Gegner besetzten Feld landet, wird der gegnerische Spielstein auf seine Startposition zurückgesetzt. Davon ausgenommen

sind spezielle, markierte Felder auf dem Brett, die Schutz
bieten und bei denen ein gegnerisches Spielstück nicht geschlagen werden kann.

Strategien und Taktiken:

Die strategischen Möglichkeiten im Spiel von Ur sind bemerkenswert und vielfältig, wobei das Balancieren von Risiko und Vorsicht besonders im Mittelpunkt steht. Die
Hauptüberlegungen sind:

Schutzstrategien: Jedes Spielbrett kommt mit schützend
markierten Feldern daher. Diese Felder spielen eine
wesentliche Rolle in der Verteidigungsstraegie eines
Spielers, indem ein Spielstein, der auf einem geschütz-
ten Feld positioniertist, nicht geschlagen werden
kann. Das planmäßige Navigieren der Spielsteine zu
diesen sicheren Bereichen kann den Fortschritt des
Spiels stark beeinflussen.

Tempo und Kontrolle: Das Spiel verlangt ein feines Ge-
spür für Zeit, denn ungestüm rasch gespielte Hiebe
könnten zu Rückschlägen durch gegnerisches Schlagen führen, während zu vorsichtige Bewegungen das
Spiel an Schwung und Kontrolle verlieren lassen
könnten. Die Spieler müssen genau abwägen, wann
sie offensiv vorgehen und wann sie defensiv agieren
sollten.

Risikoschätzung und Würfelglück: Ein Teil der

strategischen Tiefe vom Spiel geht verloren ohne Betrachtung der Wahrscheinlichkeiten und Schätzungen von Würfelwürfen. Ein bewusstes Kalkül, wann man die Bewegung eines bestimmten Steins riskiert und wann Konsolidierung der gegenwärtigen Position vorzuziehen ist, kann Unterschiede in den Siegeschancen machen.

Schlagen und Blockieren: Ein zentraler Aspekt ist die Fähigkeit, gegnerische Steine zu schlagen und hierbei gezielt deren Fortschritt zu behindern. Blockieren wichtiger Routen oder Positionieren von Steinen in kritischen Feldern kann den gegnerischen Spieler dazu zwingen, seine Strategie neu zu bewerten.

Die Faszination des Königlichen Spiels von Ur liegt somit nicht nur in seinem kulturellen und historischen Hintergrund, sondern auch in seinen komplexen und faszinierenden Spielformen. Moderne Interpretationen haben es ermöglicht, dass das Spiel weiterhin gespielt und geschätzt werden kann. Mit seiner tief verankerten Verbindung zur Geschichte der Menschheit bietet es nicht nur Gelegenheit für Amüsement, sondern auch einen wertvollen Einblick in die Denkweise antiker Menschen und deren Interpretation von Zufall und Strategie.

Kultureller und religiöser Kontext

Das Königliche Spiel von Ur, auch bekannt als das Königliche Spiel der mesopotamischen Könige, ist nicht nur ein Zeugnis der jahrtausendealten Tradition des strategischen Denkens und der Unterhaltung, sondern bietet auch tiefgehende Einblicke in die kulturellen und religiösen Praktiken seiner Zeit. Dieses Brettspiel, dessen Ursprünge bis in das dritte Jahrtausend v. Chr. zurückreichen, wurde in mehreren mesopotamischen Städten ausgegraben, darunter besonders in den königlichen Gräbern von Ur, weshalb es auch seinen Namen erhielt. Es steht nicht nur für den spielerischen Zeitvertreib, sondern symbolisierte darüber hinaus komplexe spirituelle und gesellschaftliche Bedeutungen.

In der antiken mesopotamischen Welt hatten Spiele oftmals eine tiefere, symbolische Bedeutung. Das Königliche Spiel von Ur war keine Ausnahme. Es durchdrang das kulturelle Leben in vielerlei Hinsicht und wurde mit religiösen Ritualen und Glaubensvorstellungen verknüpft. Spiele wurden häufig als Metaphern für den Lebensweg und als Symbole für das Jenseits betrachtet. Dabei wurden sie nicht nur als bloßer Zeitvertreib angesehen, sondern oft auch in rituelle Kontexte eingebettet.

Archäologische Funde und schriftliche Quellen belegen, dass das Spiel nicht nur eine unterhaltsame Tätigkeit war. Es wurden Texte und Inschriften gefunden, die darauf hinweisen, dass das Spiel auch im Zusammenhang mit Orakelpraxen stand. Die mesopotamischen Priester und Priesterinnen konnten dem Spiel einen göttlichen Einfluss zuschreiben und es nutzen, um Weissagungen zu treffen oder göttliche Ratschläge einzuholen. Ein bekanntes Beispiel hierfür sind die Tafeln von Draughtsman's Treatise, die Regeln und rituelle Verbindung zum Gott Nanna beschreiben, dem Mondgott und wichtigen Deity in der mesopotamischen Pantheon. Diese Texte beschreiben, wie das Spiel verwendet wurde, um Auskunft über die Wünsche und Absichten der Götter zu erhalten.

Das soziale Umfeld, in dem das Königliche Spiel von Ur gespielt wurde, variierte je nach Status und Kontext der Spieler. In den königlichen und wohlhabenderen Kreisen diente das Spiel als eine Art intellektuelle Herausforderung und gesellschaftliches Ritual. Es wurden hochwertige Spielbretter und Spielfiguren aus kostbaren Materialien wie Elfenbein und Lapislazuli hergestellt, was auf den hohen Stellenwert hinweist, den das Spiel in der Gesellschaft besaß. Im

Gegensatz dazu wurden einfachere Versionen des Spiels aus Ton oder Stein für die weniger wohlhabenden Bevölkerungsschichten gefertigt.

Die Spielregeln und der Spielablauf selbst waren mit Symbolik durchsetzt. Der Aufbau des Spielbretts mit seinen Feldern und die Züge der Spielsteine durch verschiedene Phasen des Spiels können als Abbild des Lebensweges interpretiert werden. Es gab spezielle Felder, die mit bestimmten Ereignissen und Herausforderungen verbunden waren. Der Weg, den die Steine auf dem Brett zurücklegten, symbolisierte womöglich die Reise der Seele ins Jenseits – eine Vorstellung, die stark im mesopotamischen Glauben verankert war.

Ein weiterer Aspekt des kulturellen und religiösen Kontextes des Spiels ist seine Verwendung in Begräbnisritualen. In den königlichen Gräbern von Ur fanden Archäologen mehrere Spiele und Spielbretter, die zusammen mit den Verstorbenen beigesetzt wurden. Diese Funde legen nahe, dass das Spiel eine Rolle im Totenkult spielen konnte und vielleicht als eine Art Begleiter für den Verstorbenen auf seiner Reise ins Jenseits betrachtet wurde. Es besteht die Vorstellung, dass das Spiel in der Unterwelt fortgeführt wurde und die Fertigkeit im Spielen das Schicksal im Jenseits beeinflusste.

Zusammenfassend lässt sich sagen, dass das Königliche Spiel von Ur mehr ist als nur ein altes Brettspiel. Es ist ein faszinierendes Beispiel dafür, wie tief verwoben Spiele in den kulturellen und religiösen Kontext der alten Zivilisationen waren. Es zeigt, wie Spiele nicht nur zur Unterhaltung dienten, sondern auch spirituelle und gesellschaftliche Funktionen erfüllten, indem sie wichtige Aspekte des Lebens, Glaubens und Todes symbolisierten. Die Erforschung dieses Spiels bietet uns wertvolle Einblicke in die Denkweise und Überzeugungen der mesopotamischen Gesellschaft und unterstreicht die historische Bedeutung von Brettspielen als kulturelle Artefakte.

Senet: Das Spiel der Pharaonen

Ursprung und historische Bedeutung von Senet

Die Wurzeln des Brettspiels Senet reichen tief in die antike Geschichte Ägyptens zurück. Wahrscheinlich entwickelte sich das Spiel bereits um 3100 v. Chr., eine Zeit, in der die ägyptische Zivilisation begann, sich zu einer kulturellen und politischen Einheit zusammenzuschließen. Die ältesten Darstellungen von Senet-Brettern stammen aus der frühen Dynastiezeit, etwa aus dem späten 4. Jahrtausend v. Chr., und zeigen, dass dieses Spiel seit Jahrtausenden in ägyptischen Haushalten präsent war.

Senet galt als nicht nur als Unterhaltung, sondern auch als eine Metapher für den Weg der Seele durch das Jenseits. Die Ägypter glaubten fest an ein Leben nach dem Tod, und Spiele wie Senet spiegelten diese Überzeugung in ihrer Symbolik und ihrem Spielablauf wider. Archäologische Funde von Senet-Brettern, die in Gräbern von Pharaonen und Adligen entdeckt wurden, deuten darauf hin, dass dieses Spiel ein wichtiger Bestandteil des Totenkults war. Eines der berühmtesten Beispiele für ein solches Fundstück befindet sich im Grab des Pharaos Tutanchamun. Der junge König wurde mit mehreren fein gearbeiteten Senet-Boards begraben, die aus edlen Materialien wie Ebenholz und Elfenbein gefertigt waren.

Senet war tief im religiösen und spirituellen Leben der alten Ägypter verwurzelt. Es wird angenommen, dass das Spiel ein Abbild des Kampfes zwischen den Kräften von Ordnung und Chaos darstellte. Die 30 Felder des Senet-Bretts sollen den Weg der Sonne durch den Himmel symbolisieren, während die Spielfiguren die Seele des Spielers repräsentierten, die durch die verschiedenen Stadien des Lebens und das Jenseits schreitet. Das Spiel endete, wenn eine Figur das letzte Feld, oft als "Haus des Re-Horakhty" bekannt, erreichte und damit die Reise durch die Unterwelt vollendete.

Einige Historiker und Archäologen vermuten, dass Senet ursprünglich als eine Form von Glücksspiel entstand, bevor es später eine rituelle und symbolische Bedeutung erhielt. Es wurden zahlreiche Darstellungen von Menschen gefunden, die in geselligen Runden Senet spielen – sowohl in privaten Haushalten als auch in königlichen Palästen. Die Beliebtheit des Spiels erstreckte sich über alle sozialen

Schichten, und während der Regierungszeit von Ramses II. wurde sogar eine besondere Form des Spiels, die "Klagelieder von Merikaura", erwähnt, in der das Spiel als ein spirituelles Ritual gefeiert wurde.

Die Weiterentwicklung des Spiels von einem bloßen Gesellschafts- und Glücksspiel zu einem rituellen Objekt ist besonders interessant. In den Pyramidentexten und Totenbüchern taucht immer wieder das Senet-Brett als Symbol für den Übergang ins Jenseits auf. Einige dieser Texte, wie das berühmte "Buch der zwei Wege", beschrieben detailliert, wie man sich durch die Gefahren und Prüfungen der Unterwelt bewegen sollte – eine Metapher, die eine starke Parallele zu den Spielzügen und Strategien von Senet darstellt.

Ein weiterer spannender Aspekt von Senet ist seine Verbreitung und Einflussnahme auf andere Kulturen. Über den Handel und kulturelle Kontakte könnte das Spiel in benachbarte Regionen wie das antike Nubien und das Levantinische Küstengebiet gelangt sein. Es gibt Hinweise darauf, dass ähnliche Spiele, inspiriert durch Senet, auch jenseits Ägyptens gespielt wurden, was die kulturelle Austauschfähigkeit und die Bedeutung des Spiels unterstreicht.

Zusammenfassend lässt sich sagen, dass Senet weit mehr war als nur ein Brettspiel. Es war ein tief verwurzelter Bestandteil des kulturellen und spirituellen Lebens im alten Ägypten, ein Symbol für den Übergang und die Transformation der Seele im Leben und darüber hinaus. Die Kombination aus seiner strategischen Tiefe, seiner reichen symbolischen Bedeutung und seiner jahrtausendelangen Tradition macht Senet zu einem faszinierenden Studienobjekt und einem beeindruckenden Zeugnis für die kulturelle Bedeutung von Spielen in der Menschheitsgeschichte.

Spielregeln und Spielbrett: Ein detaillierter Überblick

Das antike Brettspiel Senet gilt als eines der ältesten Brettspiele der Menschheitsgeschichte. Seine Ursprünge reichen bis in das frühe dritte Jahrtausend v. Chr. zurück, und es wurde vor allem im Alten Ägypten gespielt, wo es nicht nur als Freizeitbeschäftigung, sondern auch als rituelle Handlung zur Vorbereitung auf das Jenseits diente. In diesem Unterkapitel bieten wir Ihnen einen detaillierten Überblick über die Spielregeln und das Spielbrett von Senet, wie sie sowohl in alten Quellen beschrieben als auch durch moderne Rekonstruktionen ermittelt wurden. Wir laden Sie ein, in die faszinierende Welt dieses königlichen Spiels einzutauchen und seine komplexen Mechanismen zu entdecken.

Das Spielbrett

Das Spielbrett von Senet besteht traditionell aus 30 quadratischen Feldern, die in drei Reihen zu je zehn Feldern angeordnet sind. Die Felder sind in einer serparierenden Zickzack-Muster miteinander verbunden, was bedeutet, dass das Spiel strategisch tiefgründig ist und ein hohes Maß an taktischer Planung erfordert. Die Felder selbst sind oft nummeriert oder mit besonderen Symbolen versehen, die spezifische Regeln oder Effekte im Spiel haben können. In einigen Funden sind spezielle Felder durch Hieroglyphen oder geometrische Muster gekennzeichnet.

Meistens bestand das Spielbrett aus Holz oder Kalkstein und war oft kunstvoll verziert. Grabbeigaben und Abbildungen auf Wandmalereien in Grabkammern verschiedener Pharaonen und hoher Beamter zeigen, dass Senet ein Spiel von hohem kulturellen Wert war. Die Materialien und Verzierungen variieren stark, was auf die soziale Stellung des Besitzers schließen lässt. Einige aufwendigere Bretter enthalten Schubladen zur Aufbewahrung der Spielsteine und Würfelstäbe.

Spielsteine und Würfelstäbe

Die Spielsteine von Senet bestehen typischerweise aus zwei Sätzen unterschiedlich gefärbter Steine (oft fünf bis sieben Steine pro Spieler). Diese bestehen aus Materialien wie Holz, Elfenbein oder sogar Edelmetallen und symbolisieren möglicherweise gegensätzliche Kräfte oder Charaktere wie Gut und Böse, Leben und Tod. Jeder Spieler platziert seine Steine auf den Startfeldern und bewegt sie entgegen dem Zickzack-Muster, je nach Wurf der Würfelstäbe.

Jeder Spieler benutzt vier Wurfstäbe, die auf einer Seite flach und auf der anderen gebogen sind. Statt Zahlen wie bei modernen Würfeln bestimmen die Kombinationen der flachen und gebogenen Seiten die Anzahl der Züge, die ein Spieler machen darf. Folgendes Schema wird verwendet:

- Eine flache Seite oben: 1 Schritt

- Zwei flache Seiten oben: 2 Schritte

- Drei flache Seiten oben: 3 Schritte

- Vier flache Seiten oben: 4 Schritte

- Keine flache Seite oben: 5 Schritte und ein zusätzlicher Zug

Die Spielregeln

Die grundlegenden Regeln von Senet betreffen das Ziehen der Spielsteine über das Brett, mit dem Ziel, alle Steine sicher ins „Haus des Lebens" zu bringen und über das Jenseitstor hinaus zu bewegen. Die genaue Interpretation und die Komplexität dieser Regeln haben sich im Laufe der Jahrhunderte verändert, daher werden hier die am häufigsten akzeptierten Regeln zusammengefasst:

1. Jeder Spieler platziert seine Steine abwechselnd auf die ersten zehn Felder.
2. Die Spieler werfen abwechselnd die Würfelstäbe und ziehen einen ihrer Steine entsprechend der Ergebnisse über das Brett.
3. Ein Spieler darf keinen Zug machen, der ihn über ein besetztes Feld hinausführt.
4. Landet ein Spieler auf einem Feld mit einem gegnerischen Stein, wird dieser geschlagen und zurück auf das erste freie Feld gesetzt.
5. Bestimmte Felder auf dem Brett gelten als "Heilig" und sind durch spezielle Symbole gekennzeichnet. Sie haben spezielle Wirkungen, z. B. Schutz vor Schlagen oder erlauben das Überspringen von Gegnern.
6. Der erste Spieler, der alle seine Steine durch das Jenseitstor gebracht hat, gewinnt das Spiel.

Strategie und Taktik

Obwohl Senet auf den ersten Blick einfach erscheinen mag, beinhaltet es eine erhebliche strategische Tiefe. Erfolgreiche Spieler müssen sowohl defensive als auch offensive Taktiken einsetzen, um die Bewegung der eigenen Spielsteine zu optimieren und gleichzeitig die Pläne des Gegners zu vereiteln. Die Positionierung der Steine auf den "Heiligen" Feldern kann besonders vorteilhaft sein, um eine widerstandsfähige Verteidigungslinie zu bilden. Es ist auch wesentlich, den Wechsel von Glück und strategischem Geschick zu meistern, denn der Ausgang der Würfelwürfe kann sowohl zu bemerkenswerten Wendungen als auch zu unvermeidlichen Niederlagen führen.

Die Rolle des Glücks in Senet, vermittelt durch die Würfelstäbe, sowie die Notwendigkeit kontinuierlicher strategischer Anpassungen, verleihen dem Spiel eine zeitlose Anziehungskraft. Diese Aspekte machen Senet nicht nur zu einem historischen Juwel, sondern auch zu einem faszinierenden Spiel, das moderne Spieler ebenso in seinen Bann zieht wie die Pharaonen vor Jahrtausenden.

Während wir die Regeln und Funktionsweise von Senet weiter erforschen, finden wir zugleich eine Verbindung zur spirituellen und philosophischen Welt des Alten Ägyptens

— eine Welt, in der jedes Spiel ein Spiegelbild eines kosmischen Dramas war und jedes Brettspielzug nicht weniger als ein Schritt auf dem Weg zur Ewigkeit. tauchen wir jetzt tiefer in die Schätze der Vergangenheit ein, erzählend die Geschichte und archäologischen Funde von Senet, die uns ein tieferes Verständnis dieser uralten Kultur und ihren Spielweisen vermitteln.

Mit diesem detaillierten Verständnis der Spielregeln und des Spielbretts sind Sie nun bereit, Ihre eigene Partie Senet zu spielen. Folgen Sie den Schritten der antiken Spieler, und lassen Sie sich von der faszinierenden Dynamik dieses Jahrtausende alten Spiels in den Bann ziehen.

Archäologische Funde und moderne Rekonstruktionen von Senet

Die archäologischen Funde von Senet, einem der ältesten bekannten Brettspiele der Welt, haben Licht auf die spielerischen und kulturellen Praktiken des Alten Ägyptens geworfen. Senet hat eine lange Geschichte, die bis ins 3. Jahrtausend v. Chr. zurückreicht, und wurde oft in Gräbern und archäologischen Stätten entlang des Nils gefunden. Diese Funde ermöglichen es uns, das Spiel nicht nur als ein einfaches Freizeitvergnügen, sondern als ein bedeutsames kulturelles Phänomen zu betrachten.

Die ältesten Spuren von Senet wurden in Gräbern der Ersten Dynastie (ca. 3100–2900 v. Chr.) entdeckt, was auf die tiefe Verwurzelung dieses Spiels in der ägyptischen Kultur hinweist. Schon früh war Senet ein Symbol für den Übergang ins Jenseits und wurde oft als metaphysische Reise gedeutet, die die Seele des Verstorbenen auf ihrem Weg durch die Unterwelt begleitete. Ein bemerkenswertes Beispiel hierfür sind die Gräber im Tal der Könige, in denen wunderschön verzierte Senet-Spiele als Grabbeigaben gefunden wurden.

Ein besonders eindrucksvoller Fund ist der Senet-Tisch des Pharaos Tutanchamun, der im Jahr 1922 von Howard Carter entdeckt wurde. Dieses exquisite Exemplar aus Ebenholz und Elfenbein, mit Gold und Fayence kunstvoll verziert, zeugt von der hohen Wertschätzung, die das Spiel in den höchsten Kreisen der ägyptischen Gesellschaft genoss. Solche Funde liefern wertvolle Erkenntnisse über die ästhetischen und materiellen Aspekte von Senet-Spielen und unterstreichen die Bedeutung, die dem Spiel im Kontext königlicher Begräbniskulte beigemessen wurde.

Die Bedeutung von Senet geht jedoch über die ägyptische Elite hinaus. In verschiedenen Gräbern von Beamten und Privatpersonen wurden ebenfalls Senet-Bretter gefunden, was darauf hinweist, dass das Spiel in breiten gesellschaftlichen Schichten populär war. Die Darstellungen von Menschen, die Senet spielen, finden sich nicht nur auf Grabbildern, sondern auch auf Papyrusrollen und in den Tempelreliefs. Diese bildlichen Darstellungen sind Schatztruhe für die Forschung und bieten Einblick in die alltägliche Nutzung und die symbolische Bedeutung von Senet.

Die genauen Regeln von Senet bleiben größtenteils ein Rätsel. Archäologen und Historiker haben zahlreiche Versuche unternommen, basierend auf gefundenen Spielbrettern, Spielsteinen und schriftlichen Hinweisen, die Spielweise zu rekonstruieren. Einer der bedeutendsten Beiträge in diesem Bereich stammt von Timothy Kendall und R.C. Bell, die unabhängig voneinander verschiedene Regelwerke vorgelegt haben. Ihre Rekonstruktionen basieren auf Vergleichen mit ähnlichen Spielen und den Hinweisen aus Hieroglyphentexten, insbesondere den sogenannten „Spieltexten" aus dem Neuen Reich.

Ein moderner Ansatz zur Rekonstruktion von Senet beinhaltet auch digitale Modelle und Simulationen. Durch den Einsatz von Computersimulationen konnten Forscher verschiedene Hypothesen über die Spielregeln und die Dynamik des Spiels testen. Diese digitale Archäologie ermöglicht es, die plausibelsten Spielverläufe zu identifizieren und zu testen, wie die Spielstrategien auf die Struktur der gefundenen Spielbretter anwendbar sind.

Ein weiteres faszinierendes Element der Senet-Forschung ist die Rolle des Spiels als ein Mittel zur kulturellen und spirituellen Bildung. Viele Rekonstruktionen deuten darauf hin, dass das Spiel als eine Art Lehrmittel für moralische und religiöse Lehren verwendet wurde. Die gewonnenen Erkenntnisse deuten darauf hin, dass Senet nicht nur ein Freizeitvergnügen, sondern ein integraler Bestandteil der Ausbildung im Alten Ägypten war.

Durch diese archäologischen Funde und modernen Rekonstruktionen haben wir eine bemerkenswerte Übersicht über die Bedeutung von Senet entwickelt. Das Spiel erlaubt es uns, tiefere Einblicke in die sozialen, kulturellen und spirituellen Aspekte des Alten Ägyptens zu gewinnen und die Komplexität der antiken Gesellschaften besser zu verstehen. Jedes Senet-Brett, jeder Spielstein und jede Darstellung trägt dazu bei, dieses historische Mosaik zu vervollständigen und die Faszination für eines der ältesten und kulturell reichhaltigsten Brettspiele der Menschheitsgeschichte zu bewahren.

Mehen: Das serpentinenförmige Spiel des Alten Ägyptens

Historische Ursprünge und archäologische Funde von Mehen

Die Geschichte des Mehen-Spiels, auch bekannt als "Das Spiel der Schlange", ist tief in den kulturellen und religiösen Traditionen des alten Ägyptens verwurzelt. Seine Ursprünge reichen bis in das frühe dritte Jahrtausend v. Chr. zurück, eine Zeit, die für ihre reiche künstlerische und intellektuelle Blüte bekannt ist. Archäologen haben zahlreiche Hinweise auf das Spiel in den Überresten dieser alten Zivilisation gefunden, was auf seine Beliebtheit und Bedeutung hinweist.

Die frühesten Hinweise auf Mehen stammen aus der Zeit des Alten Reiches (ca. 2686–2181 v. Chr.). Es wurde nach der Schutzgottheit Mehen benannt, einer mythischen Schlange, die den Sonnengott Re auf seiner täglichen Reise durch die Unterwelt beschützt. Diese Verbindung zur Mythologie spiegelt sich auch im Design des Spiels wider: Das Spielfeld ist kreisförmig und nach innen gewunden, ähnlich wie eine zusammengerollte Schlange.

Die ältesten bekannten Abbildungen von Mehen-Spielen wurden in Gräbern und Tempeln gefunden. Beispielsweise gibt es Darstellungen auf einem Relieffragment aus der Zeit des Alten Reiches, das in einem Grab in Abydos entdeckt wurde. Diese Fundstelle enthält ein detailliertes Abbild des Spiels, bei dem die Spieler rund um das serpentinenförmige Brett sitzen und Figuren bewegen. Ein weiteres bemerkenswertes Artefakt ist ein gut erhaltenes hölzernes Spielbrett, das 1921 von dem britischen Ägyptologen Sir Flinders Petrie entdeckt wurde. Dieses Spielbrett befindet sich heute im Britischen Museum.

Das Design des Mehen-Bretts variiert, aber die meisten Funde deuten auf eine standardisierte Darstellung hin: Eine kreisförmige Spirale, die in mehrere Segmente unterteilt ist. Meistens sind es 2 bis 6 Spieler, die am Spiel teilnehmen können, wobei jeder Spieler eine Reihe von kleinen kugelförmigen Spielsteinen und oft auch einen sogenannten „Löwenfigur"-Spielstein hat. Die Materialien, aus denen diese Spiele hergestellt wurden, variierten stark, darunter Holz, Stein und Elfenbein.

Die Bedeutung von Mehen in der alten ägyptischen Kultur beschränkte sich jedoch nicht nur auf das Spielerische. Vielmehr spielte es eine wichtige Rolle in religiösen und rituellen Kontexten. In einigen Gräbern wurden Mehen-Spiele als Beigaben gefunden, was vermuten lässt, dass sie den Verstorbenen im Jenseits nützlich sein sollten. Dies unterstreicht die spirituelle Bedeutung des Spiels und seine symbolische Verbindung mit den Vorstellungen von Schutz und Wiedergeburt.

Auch die archäologischen Funde aus späteren Perioden unterstreichen die anhaltende Beliebtheit von Mehen. Während der Mittleren Reichszeit (ca. 2055–1650 v. Chr.) und der darauf folgenden Neuen Reichszeit (ca. 1550–1070 v. Chr.) finden sich zahlreiche Darstellungen und physische Beweise für das Spiel. Ein bemerkenswerter Fund aus der Grabkammer des Tutanchamun enthält ein gut erhaltenes Mehen-Brett samt Spielsteinen, was auf die anhaltende kulturelle Bedeutung des Spiels bis in die späte Phase der altägyptischen Geschichte hinweist.

Zusammenfassend lässt sich sagen, dass Mehen nicht nur ein beliebtes Gesellschaftsspiel im alten Ägypten war, sondern auch tief in den religiösen und kulturellen Traditionen dieser alten Zivilisation verwurzelt ist. Die archäologischen

Funde, die von Grabbefunden bis hin zu kunstvollen Darstellungen in Tempeln und Gräbern reichen, bieten uns wichtige Einblicke in die Welt der alten Ägypter und die Rolle, die solche Spiele in ihrem täglichen und spirituellen Leben spielten.

Die Spielregeln und Strategien von Mehen

Die Spielregeln von Mehen sind in vielerlei Hinsicht einzigartig und spiegeln die Komplexität und das kulturelle Erbe des alten Ägyptens wider. Das serpentinenförmige Spielbrett stellt eine stilisierte Schlange dar, deren Windungen vom äußeren Rand bis zum Zentrum verlaufen. Der Name "Mehen" leitet sich von der Schutzgottheit der kosmischen Schlange ab. Spieler, die sich diesem Spiel widmeten, mussten nicht nur strategisch geschickt sein, sondern auch ein tiefes Verständnis der religiösen Symbole und kulturellen Implikationen des Spiels besitzen.

Um Mehen erfolgreich zu spielen, müssen die Teilnehmer die Bedeutung und Funktion der verschiedenen Spielkomponenten kennen. Das Spielbrett besteht aus einer spiralförmig angelegten Pfad mit mehreren Segmenten. Die Spieler verwenden gewöhnlich unterschiedlich gestaltete Figuren, um ihre Fortschritte auf dem spiralförmigen Weg zu markieren. Letztere bestehen häufig aus maritimen oder tierischen Motiven, wie etwa Löwen oder hockenden Menschen.

Der Hauptrhythmus des Spiels wird durch Würfeln oder durch ähnliche zufallsbasierte Elemente bestimmt, wobei der genaue Mechanismus zur Antike nicht vollständig dokumentiert ist. Moderne Forscher sind jedoch der Meinung, dass Mehen mehrere parallele Strategien sowie verschiedene Fortschrittsmechanismen erlaubt. Einige Theorien deuten darauf hin, dass die Bewegungen der Spielerfiguren sowohl vorwärts als auch rückwärts erfolgen können, abhängig von der Würfelergebnisse.

Ein weiterer faszinierender Aspekt von Mehen sind die sogenannten „Apotropaion" – schützende Amulette, die während des Spiels verwendet wurden. Diese Symbolgegenstände hatten eine tiefere Bedeutung und fungierten als spirituelle Schutzmittel, die den Sieg beeinflussen könnten. Diese Amulette könnten dem Spieler zusätzliche Bewegungen ermöglichen oder gar negative Effekte der Mitspieler neutralisieren.

Ein typischer Spielzug bei Mehen könnte folgendermaßen ablaufen: Nachdem ein Spieler seine Würfel geworfen hat, darf er seine Figur entsprechend der gewürfelten Augenzahl bewegen. Dabei gibt es spezielle Felder, die besondere Aktionen auslösen können. Diese Aktionen könnten den Spieler dazu zwingen, eine Runde auszusetzen oder ihm ermöglichen, zusätzliche Bewegungen zu machen. Strategisch kluge Entscheidungen sind dabei ebenso gefragt wie das Nutzen der Spielfeldpositionen zum eigenen Vorteil.

Die Spielstrategien bei Mehen sind vielfältig und stark von den Spielfähigkeiten der Teilnehmer abhängig. Ein elementarer Bestandteil der erfolgreichen Spielweise ist das Gleichgewicht zwischen Vorsicht und Aggression; die Spieler müssen sowohl defensiv als auch offensiv agieren, um ihre Spielfiguren sicher auf dem Spielfeld zu bewegen und gleichzeitig die Bewegung der Gegner zu blockieren. Ein oft genutzter Trick besteht darin, die Gegner in eine unvorteilhafte Position zu manövrieren und so deren Fortschritt signifikant zu behindern.

Aus einer modernen Perspektive mag Mehen rudimentär erscheinen, aber um das Spiel vollständig zu würdigen, muss man das kulturelle und spirituelle Gewicht anerkennen, das jedes Spielbrett und jede Spielrunde getragen hat.

Es war nicht nur ein Zeitvertreib, sondern eine symbolisch aufgeladene Praxis, die tief in der religiösen und soziokulturellen Struktur des Alten Ägyptens verwurzelt war.

Um die faszinierende Komplexität von Mehen umfassend zu verstehen, ist es unerlässlich, sowohl historische Dokumentationen als auch archäologische Funde sorgfältig zu studieren. Jedes gefundene Spielset, jede erhaltene Regelinschrift trägt dazu bei, das Puzzle dieses antiken Spiels Stück für Stück zu vervollständigen und uns einen Einblick in die Denkweisen und das kulturelle Erbe einer der großartigsten antiken Zivilisationen der Menschheitsgeschichte zu ermöglichen.

Kulturelle und religiöse Bedeutung von Mehen im Alten Ägypten

Das Brettspiel *Mehen*, auch bekannt als das „Schlangenspiel", nimmt eine einzigartige Position in der Geschichte der alten ägyptischen Spiele ein. Seine kulturelle und religiöse Bedeutung reicht weit über das einfache Vergnügen des Spiels hinaus. Eine Analyse der symbolischen Ebenen von *Mehen* enthüllt tiefe Einblicke in die spirituellen

Überzeugungen und rituellen Praktiken der altägyptischen Gesellschaft.

Mehen repräsentiert eine schlangenförmige Gottheit gleichen Namens, die in der altägyptischen Mythologie eine bedeutende Rolle spielt. Die Gottheit *Mehen* war der Beschützer des Sonnengottes Ra auf seiner nächtlichen Reise durch die Unterwelt. In der kosmischen Ordnung der Alten Ägypter symbolisierte die Schlange oft Wiedergeburt und Schutz. Durch das Zusammenspiel dieser mythologischen Elemente wird das Brettspiel *Mehen* zu einem spirituellen Werkzeug, das die metaphysischen Ideen der Zeit verkörpert.

Das Design des Spiels selbst, ein spiralförmiges Brett, das die Form einer zusammengerollten Schlange nachahmt, ist kein Zufall. Diese Form spiegelte die zyklische Natur des Lebens, Todes und der Wiedergeburt wider, Konzepte, die für die altägyptische Denkweise zentral waren. Der Weg des Spielers entlang der spiralförmigen Pfade könnte daher als symbolische Reise durch die verschiedenen Stadien des Lebens und Jenseits verstanden werden.

Ein weiterer faszinierender Aspekt ist die Nähe des Spiels zu rituellen und begrabenen Kontexten. Verschiedene archäologische Funde von *Mehen*-Brettern und -Figuren in Gräbern und Tempeln deuten auf eine starke rituelle Verwendung hin. Diese Artefakte wurden oft neben anderen bedeutenden religiösen Objekten platziert, was darauf hinweist, dass *Mehen* im Kontext des Übergangs ins Jenseits eine Rolle spielte. Es könnte möglicherweise sogar als ein Schutzspiel betrachtet worden sein, das den Verstorbenen auf seiner Reise durch das Totenreich unterstützen sollte.

In den altägyptischen Texten gibt es Hinweise darauf, dass das Spiel auch von den Göttern selbst „gespielt" wurde. Hierin liegt eine tiefe symbolische Bedeutung: Wenn ein Mensch *Mehen* spielte, nahm er symbolisch an den göttlichen Handlungen teil, was die Interaktion und Verbindung der Ägypter mit ihrer Gottheit vertiefte. Diese Praxis könnte als eine Form des göttlichen Spiels verstanden werden, das dem Spieler symbolisch Schutz und Führung bot.

Es ist wichtig zu bemerken, dass die Verwendung und die Bedeutung von *Mehen* sich über die Jahrhunderte veränderten. Obwohl in den früheren Dynastien Ägyptens populär, verschwand das Spiel während des Neuen Reiches aus den allgemeinen Gebräuchen. Dies könnte auf Veränderungen in der religiösen Praxis und Glaubenssystemen hinweisen, welche die Bedeutung von *Mehen* und die Funktion des Spiels in der Gesellschaft verlagerten.

Zusammenfassend lässt sich sagen, dass *Mehen* weit mehr als nur ein Brettspiel war. Es war tief in der religiösen und spirituellen Praxis des Alten Ägypten verwurzelt. Durch seine symbolische Verflechtung mit den Vorstellungen von Leben, Tod und dem Jenseits sowie durch seine rituelle Verwendung bot es den Menschen des Alten Ägypten eine einzigartige Möglichkeit, durch das Spiel an den dramatischen kosmischen Ereignissen und göttlichen Handlungen teilzunehmen.

Hnefatafl: Das Wikinger-Schach

Ursprung und historische Verbreitung von Hnefatafl

Hnefatafl, oft als das „Wikinger-Schach" bezeichnet, ist ein faszinierendes und strategisch anspruchsvolles Brettspiel, das seinen Ursprung in der nordischen Kultur hat. Seine Bezeichnung stammt aus dem Altnordischen, wobei „Hnefi" für König und „Tafl" für Brettspiel steht. Doch wie kam es dazu, dass dieses Spiel in den kalten Gefilden des Nordens entstand? Und wie verbreitete es sich schließlich über weite Teile Europas?

Hnefatafl kann bis ins 4. Jahrhundert n. Chr. zurückverfolgt werden. Archäologischen Funden zufolge wurde das Spiel in verschiedenen Regionen Skandinaviens gespielt, darunter Norwegen, Schweden und Island. Einige der frühesten Hinweise stammen aus alten Grabstätten, in denen Spielbretter und Spielfiguren gefunden wurden. Diese Funde belegen, dass Hnefatafl eine bedeutende Rolle im Alltag sowie in der Kultur der Wikinger spielte.

Das Spiel war nicht nur ein Zeitvertreib, sondern auch ein Mittel zur Schulung strategischen Denkens und Planens – Fähigkeiten, die für die Wikinger von großer Bedeutung waren, sowohl im Handel als auch in kriegerischen Auseinandersetzungen. Tacitus berichtet in seinen „Germania" über die Leidenschaft der Germanen für das Spiel (obwohl er es nicht als Hnefatafl identifizierte), was darauf hinweist, dass solche strategischen Spiele tief in der Kultur verwurzelt waren.

Durch die wagemutigen Seefahrten und Expansionen der Wikinger, die von Neufundland im Westen bis nach Kiew im Osten reichten, gelangte Hnefatafl auch in andere Kulturkreise. Gerade die Kontakte entlang der Handelswege und die Besiedlung neuer Gebiete spielten eine wesentliche Rolle bei der Verbreitung. In Irland und Großbritannien zum Beispiel, wo die Wikinger im 9. und 10. Jahrhundert siedelten, fand das Spiel ebenfalls Verbreitung. Verschiedene historische Quellen, wie die anglo-sächsischen „Sagas" und die irischen „Annalen von Ulster", beschreiben Begegnungen und Auseinandersetzungen, in denen Hnefatafl erwähnt wird.

Mit der zunehmenden Christianisierung und der Integration in die europäische Feudalordnung verblasste jedoch die Bedeutung von Hnefatafl und machte allmählich Platz für andere Brettspiele. Dies liegt zum Teil daran, dass Spiele wie Schach, das komplexe Geschichten und politisch-militärische Szenarien darstellt, an Popularität gewannen. Die ältesten erhaltenen Spielregeln für Hnefatafl stammen aus der Aufzeichnung von Robert ap Ifan, einem walisischen Antiquar aus dem 16. Jahrhundert, der eine Variante des Spiels namens „Tawlbwrdd" beschrieb.

Interessant ist, dass Hnefatafl in verschiedenen Ausführungen und unter verschiedenen Namen gespielt wurde, was auf die Anpassung an lokale Gegebenheiten und kulturelle Eigenheiten hinweist. Zum Beispiel gibt es in England das „Alea Evangelii" und in Irland „Brandubh", die beide Variationen des Wikinger-Schachs darstellen. Dieser Wandel und die Anpassungen des Spiels in verschiedenen Kulturen demonstrieren die dynamische Natur antiker Brettspiele und ihre Fähigkeit, sich an unterschiedliche kulturelle und historische Kontexte anzupassen.

In modernen Zeiten hat Hnefatafl eine Wiedergeburt erlebt. Historische Nachstellungen und Wikinger-Festivals haben das Spiel wieder populär gemacht, wobei moderne Regelwerke und Turniere dafür sorgen, dass das strategische

Erbe des Wikinger-Schachs in der heutigen Zeit fortbesteht. Es bietet nicht nur historischen Enthusiasten, sondern auch Brettspielliebhabern eine spannende Möglichkeit, in die komplizierte und aufregende Welt der Wikinger einzutauchen.

Zusammenfassend lässt sich sagen, dass Hnefatafl nicht nur ein Spiel, sondern ein Spiegelbild der Wikingerkultur und ihrer Epoche ist. Die historische Verbreitung zeigt die Tragweite wikingerzeitlicher Einflüsse und die Fähigkeit von Spielen, kulturelle Brücken zu bauen. Das Erbe von Hnefatafl ist nicht nur in den Spielformen, sondern auch in den strategischen Denkprozessen, die es fördert, lebendig geblieben und bleibt ein faszinierendes Zeugnis menschlicher Erfindungsgabe und Adaptivität.

Spielanleitung und Strategien: Vom Anfänger zum Meister

Hnefatafl, oft als das „Wikinger-Schach" bezeichnet, gilt als eines der faszinierendsten antiken Brettspiele, das von den Wikinger-Völkern Nordeuropas gespielt wurde. Dieses

Spiel bietet nicht nur ein fesselndes strategisches Erlebnis, sondern spiegelt auch die komplexe Kriegskunst und die sozialen Strukturen der Wikinger wider. In diesem Unterkapitel werden wir die detaillierte Spielanleitung sowie grundlegende und fortgeschrittene Strategien besprechen, die Ihnen helfen, ein Meister im Hnefatafl zu werden.

Die Grundregeln von Hnefatafl

Hnefatafl wird auf einem quadratischen Brett gespielt, das in der Regel 11x11 Felder misst. Es gibt jedoch auch Varianten mit 13x13 oder 9x9 Feldern. Das Spiel ist asymmetrisch, was bedeutet, dass die beiden Spieler unterschiedliche Ziele verfolgen und ungleiche Armeen zur Verfügung haben. Einer der Spieler übernimmt die Rolle der Angreifer, die zahlenmäßig überlegen sind, während der andere Spieler den König und seine Verteidiger kontrolliert.

Die Anfangsaufstellung des Spiels ist wie folgt:
>   Der König wird auf dem zentralen Feld des Brettes, dem sogenannten „Thron" oder „Königsfeld", platziert.
>   Die Verteidiger werden in einem Kreuzmuster um den König positioniert, bestehend aus 12 Spielfiguren.
>   Die Angreifer werden symmetrisch in den Mittelpunkten der vier Brettränder aufgestellt und bestehen aus 24 Spielfiguren.

Das Ziel des Spiels für den Spieler mit dem König (Verteidiger) ist es, den König sicher auf eines der Eckfelder des

Brettes zu bewegen. Der Spieler mit den Angreifern muss den König daran hindern und ihn gefangen nehmen, indem er ihn an allen vier Seiten einkreist.

Bewegung der Figuren

Alle Figuren, einschließlich des Königs, bewegen sich horizontal oder vertikal über eine beliebige Anzahl freier Felder, ähnlich wie der Turm im Schach. Figuren können jedoch keine anderen Figuren überspringen.

Eine Ausnahme bildet das zentrale Feld, der Thron. Nur der König kann sich darauf bewegen oder es überqueren, es sei denn, er wird gefangen genommen.

Gefangennahme und Entfernung von Spielfiguren

Eine gegnerische Figur wird gefangen genommen und vom Brett entfernt, wenn sie horizontal oder vertikal zwischen zwei eigenen Figuren eingeschlossen wird. Dies kann auch durch den Rand des Brettes oder den Thron geschehen. Zum Beispiel, wenn eine Angreifer-Figur zwischen zwei Verteidiger-Figuren auf der gleichen Linie steht, wird sie gefangen genommen und entfernt.

Es ist auch möglich, mehrere Figuren auf einmal gefangen zu nehmen, wenn mehrere gegnerische Figuren gleichzeitig durch eine Bewegung eingeschlossen werden.

Strategien für Anfänger

Für Neulinge im Hnefatafl ist es wichtig, ein grundlegendes Verständnis der Spielmechanik und der Ziele zu entwickeln. Hier sind einige nützliche Tipps:

Verteidiger sollten versuchen, den König zu schützen: In den frühen Phasen des Spiels sollte der Verteidiger den König nicht voreilig bewegen. Es ist oft klüger, eine starke Verteidigungsposition zu halten.

Angreifer sollten die äußeren Felder kontrollieren: Ein effektiver Ansatz für Angreifer besteht darin, die Kontrolle über die äußeren Felder und Kanten des Brettes zu gewinnen, um die Fluchtwege des Königs zu blockieren.

Verteidiger sollten Fluchtkorridore schaffen: Der Verteidiger kann versuchen, Fluchtkorridore für den König aufzubauen, indem er Lücken in den Reihen der Angreifer schafft oder ihre Bewegungen blockiert.

Angreifer sollten Überzahl nutzen: Angreifer haben einen zahlenmäßigen Vorteil und sollten versuchen, diesen zu nutzen, um Verteidigungsformationen zu durchbrechen und den König zu umzingeln.

Fortgeschrittene Strategien

Wenn sowohl Angreifer als auch Verteidiger die Grundlagen des Spiels gemeistert haben, können fortgeschrittene Strategien angewendet werden, um das Spiel weiter zu verfeinern.

Bluffen und Irreführung: Ein erfahrener Verteidiger kann versuchen, die Angreifer zu täuschen, indem er möglicherweise Fluchtwege vorgibt, die er nicht beabsichtigt zu verwenden. Ähnlich kann der Angreifer falsche Angriffe vortäuschen, um den Verteidiger aus der Reserve zu locken.

Schrittweise Einkreisung: Anstatt sofort zu versuchen, den König zu umzingeln, können Angreifer eine Strategie der schrittweisen Einkreisung anwenden. Indem sie den Verteidiger in kleine Gruppen fragmentieren, können sie die Kontrolle über das Spiel gewinnen.

Türme bilden: Verteidiger können Türme bilden, indem sie Figuren in einem quadratischen oder rechteckigen Muster anordnen, um den König besser zu schützen und gleichzeitig die Bewegung der Angreifer zu blockieren.

Springfallen: Beide Seiten können Springfallen einrichten, indem sie verlockende Einzelfiguren positionieren, um den Gegner in eine Falle zu locken und mehrere seiner Figuren zu fangen.

Anwendung der Zugzwang: Fortgeschrittene Spieler

sollten stets die Möglichkeit des Zugzwangs - eine Situation, in der jeder mögliche Zug den Spieler benachteiligt - in Betracht ziehen und diese zu ihrem Vorteil nutzen.

Zusammen bilden diese Regeln und Strategien das Kernstück von Hnefatafl. Auch wenn es einfach erscheinen mag, legt das Spiel Wert auf Strategie und durchdachte Züge. Jeder Schritt muss sorgfältig geplant werden, um den Sieg zu erringen. Mit Geduld und Übung kann jeder Spieler die Kunst des Hnefatafl meistern und tiefe Einblicke in die strategische Denkweise der alten Wikinger erlangen.

Archäologische Funde und kulturelle Bedeutung in nordischen Gesellschaften

Hnefatafl, auch als das „Wikinger-Schach" bezeichnet, gehört zu den faszinierendsten und am besten dokumentierten Brettspielen der Wikingerzeit. Die archäologischen Funde, die im Norden Europas entdeckt wurden, liefern uns nicht nur wichtige Hinweise auf spielerische Aktivitäten der Wikinger, sondern auch tiefere Einblicke in die kulturellen und gesellschaftlichen Aspekte jener Zeit.

Archäologische Ausgrabungen zahlreicher Grabhügel, Siedlungsstätten und Handelszentren in Skandinavien haben eine beeindruckende Anzahl an Hnefatafl-Brettern und Spielsteinen zutage gefördert. Eines der ältesten und bekanntesten Funde stammt aus dem Oseberg-Schiff, einem wikingerzeitlichen Grab aus dem Jahr 834 n. Chr. Im Grabhügel wurden zwei Frauen mit einem reichen Inventar bestattet, darunter ein nahezu vollständig erhaltenes Hnefatafl-Spiel. Das Spielbrett aus Holz war sorgfältig geschnitzt, und die Spielsteine bestanden aus Tierknochen und Glas. Dieser Fund verdeutlicht nicht nur die Beliebtheit des Spiels, sondern auch dessen Bedeutung als Statussymbol.

Spielmaterialien und der Ort ihrer Entdeckung liefern Archäologen wertvolle Informationen über die Handelswege und die kulturellen Einflüsse der Wikinger. Hnefatafl-Sets, die aus Irland und Großbritannien stammen, bezeugen den kulturellen Austausch zwischen den Wikingern und den britischen Inseln. Hervorzuheben ist der Fund eines Hnefatafl-Bretts in der Nähe der St. Johns-Kirche in Dublin, einem ehemaligen Wikingersiedlungsgebiet. Dies deutet darauf hin, dass die Wikinger ihre Spiele nicht nur in ihren skandinavischen Heimatländern spielten, sondern sie auch während ihrer Eroberungen und Siedlungen in fremden Ländern verbreiteten.

Doch Hnefatafl war mehr als nur ein Spiel. Es hatte eine bedeutende kulturelle und rituelle Rolle in der nordischen Gesellschaft. Das Regelwerk des Spiels, das eine deutlich asymmetrische Partie zwischen einem König und seinen Beschützern gegen eine überlegene Angreifertruppe beschreibt, lässt Rückschlüsse auf die wikingerzeitliche Kriegsführung und deren soziale Organisation zu. Der König verkörpert den Anführer, der von seinen loyalen Kriegern beschützt wird, was eine Parallele zu den Strukturen der Wikinger-Gesellschaft darstellt.

Das Spiel diente vermutlich auch zur Ausbildung strategischen Denkens. Überlieferungen aus der Edda und anderen zeitgenössischen Quellen weisen darauf hin, dass das Beherrschen von Brettspielen wie Hnefatafl als Zeichen von Intelligenz und Führungsqualitäten galt. Diese Überlieferungen unterstreichen die intellektuelle Wertschätzung und den sozialen Status, den erfahrene Spieler in der Gesellschaft genossen.

Die kulturelle Bedeutung des Spiels spiegelt sich auch in der künstlerischen Gestaltung der Spielbretter und -steine wider. Einige Exemplare sind kunstvoll verziert und geben Aufschluss über die ästhetischen Vorlieben der Wikinger. Ornamente, Runeninschriften und tierische Darstellungen, die auf den Spielsteinen und Brettern gefunden wurden, zeigen die handwerkliche Geschicklichkeit und die Symbolik, die im Alltag und in Ritualen der Wikinger eine Rolle spielten.

Zusammengefasst bieten die archäologischen Funde des Hnefatafl-Spiels nicht nur einen Einblick in die spielerische Seite der Wikinger, sondern zeigen auch die tiefverwurzelte kulturelle und gesellschaftliche Bedeutung dieses Brettspiels. Sie bringen uns die Menschen der Wikingerzeit näher und erlauben es uns, ihre Denk- und Lebensweise besser zu verstehen. In der Kombination aus archäologischen Befunden und historischen Quellen ergibt sich das facettenreiche Bild einer Gesellschaft, in der Spiele wie Hnefatafl eine wichtige Rolle spielten – sowohl als Unterhaltungsform als auch als Mittel zur Ausbildung und Demonstration strategischen Denkens.

Ludus Latrunculorum: Das Legionärsspiel des Römischen Reiches

Ursprung und historische Bedeutung des Ludus Latrunculorum

Die Ursprünge des Ludus Latrunculorum, auch bekannt als "Spiel der kleinen Räuber", reichen bis in die Blütezeit des Römischen Reiches zurück. Dieses strategische Brettspiel wurde von römischen Legionären und Bürgern gleichermaßen geschätzt und spielte eine bedeutende Rolle im kulturellen und sozialen Alltag des antiken Roms. Die Faszination für das Spiel überlebte nicht nur die Jahrhunderte, sondern reflektiert auch den kriegerischen und strategischen Geist seiner Spieler.

Das Wort "Latrunculi" leitet sich vom lateinischen "latro" ab, was so viel wie Räuber oder Söldner bedeutet. Diese Namensgebung verweist auf die kriegerische Natur des Spiels, bei dem zwei Kontrahenten ihre taktischen Fähigkeiten messen, ähnlich wie Feldherren ihre Armeen in einer Schlacht führen würden. Einem berühmten Zitat von Isidor von Sevilla zufolge, bezeichnet das Spiel "einen Kampf kleiner Räuber".

Schon die frühen Römer wussten um die Vorteile des Brettspiels sowohl zur Unterhaltung als auch zur Schulung strategischen Denkens. Historische Quellen wie "De Rebus Bellicis" von Flavius Vegetius Renatus, einem spätantiken römischen Schriftsteller, verknüpfen Spiele wie Ludus Latrunculorum mit militärischer Ausbildung. Das Spiel wurde häufig in Lagern und Garnisonen der Legionen gespielt, wo die Soldaten ihre strategischen Fähigkeiten verbessern konnten, während sie auf ihren nächsten Einsatz warteten.

Überlieferungen und archäologische Funde bestätigen die weite Verbreitung des Spiels im gesamten römischen Imperium. Spielbretter wurden in verschiedenen Regionen, von Britannien bis Nordafrika, ausgegraben. Ein bemerkenswertes Beispiel ist ein Fund aus der Römerstadt Vindolanda an der Hadriansmauer, der ein gut erhaltenes Spielbrett aus dem 3. Jahrhundert n. Chr. umfasst. Diese Funde belegen die Beliebtheit des Spiels über alle Schichten der römischen Gesellschaft hinweg und seine Integration in den Alltag der Römer.

Ein herausragender Abschnitt der römischen Literatur zu diesem Thema befindet sich in den Arbeiten des Dichters Ovid. In seinem Werk "Ars Amatoria" (Die Kunst der Liebe) erwähnt er das Spiel und beschreibt es als eine mitreißende Beschäftigung, was wiederum die gesellschaftliche Wertschätzung für solche intellektuellen Spiele unterstreicht. Ovids Beschreibungen bieten einen Einblick, wie das Spiel für soziale und sogar romantische Interaktionen genutzt wurde. Ebenso betont der Dichter Martialis in seinen Epigrammen die strategische Tiefe und den intellektuellen Reiz, der Ludus Latrunculorum auszeichnet.

Die genaue Spielweise von Ludus Latrunculorum bleibt ein Gegenstand historischer Forschung und Debatte. Während einige Details durch literarische Beschreibungen und archäologische Funde rekonstruiert werden konnten, fehlen konkrete Spielanleitungen in den überlieferten Texten. Es wird angenommen, dass Ludus Latrunculorum ein zweckmäßiges Muster aus quadratischen Feldern aufwies und jedes Feld eine bedeutende Rolle im Spielgeschehen hatte, ähnlich modernen Strategiespielen wie Schach oder Go. Emperor Claudius, beispielsweise, soll eine große Vorliebe für Brettspiele gehabt haben und Lücken in den Überlieferungen zeigen die Möglichkeit, dass auch Kaiser des Spiels zugetan waren.

Manche Gelehrte vermuten sogar eine Verbindung zwischen Ludus Latrunculorum und älteren griechischen Spielen wie Petteia, was auf einen Transfer von kulturellem Wissen und Spieltraditionen zwischen verschiedenen antiken Kulturen hinweist. Cicero und Varro, zwei prominente Römer, erwähnen ähnliche Spiele in ihren Schriften, was auf eine lange und zusammenhängende Tradition der Brettspiele im euroasiatischen Raum schließen lässt.

Zusammengefasst kann Ludus Latrunculorum als ein integraler Bestandteil des römischen Lebens betrachtet werden. Es vereinte Unterhaltung und Bildung, spiegelte militärische Taktiken wider und förderte soziale Interaktion. Das Erbe dieses Spiels zeigt, wie tief verwurzelt Brettspiele in der menschlichen Kultur und Geschichte sind, und welche bedeutende Rolle sie im Alltagsleben antiker Zivilisationen spielten. Die Faszination für Ludus Latrunculorum lebt weiter in unserer Begeisterung für klassische und strategische Brettspiele, die den heutigen Spieler genauso fesseln, wie sie es vor tausenden von Jahren taten.

Spielregeln und Strategien: Eine Anleitung für moderne Spieler

Das Ludus Latrunculorum, oft lediglich als Latrunculi bezeichnet, ist ein altes römisches Strategiespiel, das von den Legionären des Römischen Reiches gespielt wurde. Seine Ursprünge reichen bis in die späte Republik und die frühe Kaiserzeit zurück. Die Regeln und Strategien dieses antiken Spiels konnten weitgehend rekonstruiert werden, was es modernen Spielern ermöglicht, die taktischen Raffinessen dieses historischen Klassikers zu erleben. Im Folgenden finden Sie eine detaillierte Anleitung, die Ihnen die Spielweise und die strategischen Aspekte des Ludus Latrunculorum näherbringt.

Grundlagen und Spielaufbau

Das Ludus Latrunculorum wird auf einem quadratischen Spielbrett unterschiedlicher Größe gespielt. Gängige Formate reichen von 8x8 bis zu 12x8 Feldern. Es ist ratsam, sich vor dem Spiel auf die Größe des Brettes und die Anzahl der Figuren zu einigen.

Jeder Spieler verfügt über eine gleich große Anzahl von Spielsteinen, die als „Latrunculi" (Soldaten) bezeichnet werden. Bei der standardisierten Version mit einem 8x8-

Brett erhält jeder Spieler 12 Figuren. Daneben gibt es auch eine prominente Figur, den „Dux" (Hauptmann), die von besonderer strategischer Bedeutung ist. Diese Figur ist optisch von den einfachen Latrunculi abgesetzt.

Spielregeln

Das Ziel des Spiels besteht darin, die gegnerischen Figuren zu fangen und so die Bewegungsfreiheit des Gegners schrittweise einzuschränken. Das Einfangen („Captura") erfolgt nach folgenden Regeln:

> Ein Spielstein darf sich horizontal oder vertikal über eine beliebige Anzahl freier Felder bewegen, ähnlich wie der Turm im Schach.

> Eine gegnerische Figur wird gefangen, wenn sie sich zwischen zwei eigenen Figuren befindet – entweder horizontal oder vertikal. Befindet sich ein gegnerischer Stein zwischen einem eigenen Stein und dem Rand des Spielbretts, so wird dieser nicht gefangen.

> Der „Dux" kann sich analog zu den einfachen Soldaten bewegen und angreifen, hat jedoch eine Sonderregel: Er kann nicht gefangen werden, wenn an mindestens einer Seite ein freies Feld angrenzt.

Das Spiel endet, sobald ein Spieler alle gegnerischen Steine gefangen hat oder keine legalen Züge mehr ausführen kann.

Strategien

Erfolgreiches Spielen des Ludus Latrunculorum erfordert ein tiefes Verständnis für Strategie und Taktik. Hier sind einige grundlegende Strategien, die Ihnen helfen, sich im Spiel zu verbessern:

1. *Flankenschutz:* Schützen Sie Ihre Figuren, indem Sie sie so platzieren, dass sie nicht zwischen zwei gegnerischen Steinen gefangen werden können. Es ist oft sinnvoll, Linien zu bilden und sich gegenseitig zu unterstützen.

2. *Kontrolle der Mitte:* Kontrollieren Sie die Mitte des Spielbretts, um Ihre Bewegungsfreiheit zu maximieren und den Gegner in verwundbare Positionen zu zwingen.

3. *Nutzung des Dux:* Setzen Sie Ihren Dux gezielt ein, um gegnerische Figuren zu isolieren und gefangenzunehmen. Denken Sie daran, dass der Dux nicht eingeklemmt und gefangen werden kann, wenn ein freies Feld angrenzt.

4. *Finten und Fallen:* Denken Sie mehrere Züge voraus und setzen Sie Finten ein, um den Gegner in eine Falle zu locken. Künstliche Schwächen in Ihrer Position können oft dazu führen, dass der Gegner Fehler macht.

5. *Endspiel-Vorbereitung:* Streben Sie an, im Endspiel eine klare Überlegenheit zu haben. Reduzieren Sie schrittweise die Anzahl der gegnerischen Spielsteine und zwingen Sie den Gegner, ineffiziente Züge zu machen.

Schlussendlich ist das Ludus Latrunculorum nicht nur ein Spiel der Kriegsführung, sondern ein Ausdruck römischer Disziplin und strategischen Denkens. Indem Sie die historischen Regeln und Strategien anwenden, können Sie nicht nur die Herausforderungen dieses alten Spiels meistern, sondern auch die denkmalgeschützte Weisheit und die taktischen Fertigkeiten der römischen Legionäre nachempfinden.

Archäologische Funde und deren Bedeutung für das Verständnis des Spiels

Die Erforschung und Rekonstruktion des Ludus Latrunculorum, auch bekannt als das Legionärsspiel des Römischen Reiches, wäre ohne die Funde der Archäologie kaum denkbar. Archäologische Entdeckungen haben uns wertvolle Einblicke in das Spielleben der Römer ermöglicht und sind entscheidend für das Verständnis der Spielregeln und der kulturellen Bedeutung des Ludus Latrunculorum.

Die ersten Hinweise auf das Spiel stammen aus literarischen Quellen wie den Schriften von Marcus Terentius Varro und Ovid. Diese Texte bieten jedoch nur begrenzte Informationen und führten lange Zeit zu Spekulationen über die genaue Natur des Spiels. Der Durchbruch kam erst mit den archäologischen Funden von Spielbrettern, Figuren und Inschriften, die systematisch analysiert wurden.

Ein bedeutender Fund ist die Spieltafel aus dem römischen Militärlager in Vindolanda, einem der am besten erhaltenen römischen Standorte im heutigen Nordengland. Dieser Fund hilft nicht nur, die Verbreitung des Spiels über das Römische Reich hinweg zu beleuchten, sondern gibt auch Aufschluss über die Materialien und die Art der Spielflächen, die verwendet wurden. Das rechteckige Brett, eingraviert mit einem Raster aus quadratischen Feldern, weist darauf hin, dass das Spiel strategischer Natur war und möglicherweise von den Legionären während ihrer Freizeit gespielt wurde.

Weitere bemerkenswerte Funde stammen aus Pompeji und Herculaneum, den beiden Städten, die beim Ausbruch des Vesuvs im Jahr 79 n. Chr. verschüttet wurden. Hier entdeckte man gut erhaltene Spielbretter und Figuren, die aus Materialien wie Holz, Knochen und Elfenbein gefertigt waren. Besonders die Vielfalt der Spielsteine war bemerkenswert – sie reichten von schlichten, scheibenähnlichen Steinen bis hin zu kunstvoll geschnitzten Figuren, was möglicherweise auf den sozialen Status der Spieler hinweist.

Ein bedeutendes Fundstück ist eine Inschrift aus dem 2. Jahrhundert n. Chr., die im Amphitheater von Leptis Magna (im heutigen Libyen) entdeckt wurde. Diese Inschrift enthält das Wort "latrunculi" und deutet somit auf die Spielarten und Namen hin, die damals verwendet wurden. Die Erwähnung des Wortes in einem öffentlichen Raum, wie einem Amphitheater, zeigt zudem, dass das Spiel nicht nur im privaten, sondern auch im öffentlichen Leben der Römer eine Rolle spielte.

Spielsteine aus Carnuntum, einem alten römischen Militärlager in Österreich, zeigen uns Details über die möglichen Bewegungen und Strategien im Spiel. Einige dieser Steine sind in ihrer Form und ihrem Gewicht variabel und geben den Archäologen und Historikern die Möglichkeit, verschiedene Hypothesen über die Spielregeln und -mechanismen aufzustellen. Diese Funde geben auch Hinweise darauf, dass das Spiel eventuell Varianten hatte, die je nach Region unterschiedlich ausgeübt wurden.

Eine weitere interessante Entdeckung machte man in Avenches, dem antiken Aventicum in der Schweiz. Dort fanden Archäologen in einem römischen Theater Teile eines Spielesets, das auf eine Verbindung zwischen Spiel und Publikumshobby hindeutet. Möglicherweise waren Spiele wie Ludus Latrunculorum auch ein Unterhaltungsprogramm bei öffentlichen Veranstaltungen.

Ein besonders herausragendes Exemplar eines römischen Spielbretts wurde in der Grotte des Saints in Frankreich gefunden. Dieses aus Marmor gefertigte Brett zeugt nicht nur von der künstlerischen Qualität, die in solche Spiele investiert wurde, sondern auch von ihrem prestigeträchtigen Status in bestimmten sozialen Kreisen. Die Analyse von Funden und deren Kontext hat die Annahmen über die Regeln des Ludus Latrunculorum stark beeinflusst. Obwohl es viele Theorien gibt, haben archäologische Entdeckungen geholfen, viele Aspekte des Spiels zu konkretisieren und Missverständnisse zu reduzieren. Diese Funde bieten nicht nur einen direkten Einblick in die römische Spielekultur, sondern unterstreichen auch die kulturelle und soziale Bedeutung des Ludus Latrunculorum in der Antike.

Zusammenfassend lässt sich sagen, dass archäologische Funde aus verschiedenen römischen Stätten uns ein vielschichtiges Bild des Ludus Latrunculorum und seiner Rolle im Alltag der Römer vermitteln. Sie beweisen, dass dieses Spiel mehr als ein simpler Zeitvertreib war – es war eine Kunstform, ein Mittel der sozialen Interaktion und ein Spiegelbild der römischen Kultur.

Go: Die Strategie der Unendlichkeit aus dem Alten China

- Ursprung und historische Entwicklung des Go

Die Ursprünge des Go-Spiels reichen weit zurück in die alte chinesische Kultur, wobei der genaue Zeitpunkt seiner Entstehung noch immer Gegenstand wissenschaftlicher Debatte ist. Historische Quellen und archäologische Funde deuten darauf hin, dass das Spiel bereits vor mehr als 4.000 Jahren gespielt wurde. Das älteste bekannte Manuskript, das Go erwähnt, ist das „Zuo Zuan" aus dem 4. Jahrhundert v. Chr.; doch Legenden besagen, dass das Spiel bereits zur Zeit der mythischen Kaiserdynastien erfunden wurde.

Ein weit verbreiteter Mythos beschreibt, dass der legendäre Kaiser Yao (ca. 2356–2255 v. Chr.) das Spiel erfand, um seinem leicht ablenkbaren Sohn Danzhu Disziplin und strategisches Denken beizubringen. Eine andere Theorie behauptet, dass der Weise Shun, ein Nachfolger von Yao, Go zur intellektuellen Weiterbildung nutzte. Unabhängig von der genauen Erfindungsgeschichte war Go von Anfang an tief in die kulturellen und philosophischen Wertvorstellungen Chinas eingebettet.

In den Texten des Konfuzianismus, wie etwa den „Analekten", wird gelegentlich über Go geschrieben. Konfuzius selbst blickte mit gemischten Gefühlen auf das Spiel. Einerseits erkannt er die geistigen Übungen und die disziplinierenden Aspekte, die das Spiel seinerzeit förderte, andererseits warnte er davor, zu viel Zeit in unterhaltende „Kunstfertigkeiten" anstatt auf Tugend und Weisheit zu verwenden. Diese Ambivalenz prägte jedoch nicht die allgemeine chinesische Einstellung gegenüber Go, das im Laufe der Jahrhunderte zu einem der angesehensten Künste avancierte, zusammen mit Musik, Kalligraphie und Malerei.

Ein weiterer Meilenstein in der Geschichte des Go war die Einführung des Spiels am kaiserlichen Hof während der Han-Dynastie (206 v. Chr. – 220 n. Chr.). Die Aristokratie und die gebildeten Eliten des alten China nutzten das Spiel sowohl zur Freizeitgestaltung als auch zur Demonstration ihrer geistigen Fähigkeiten. Während dieser Zeit entwickelte sich auch die Notation von Go-Partien, die es ermöglichte, historische Partien aufzubewahren und spätere Analysen zu ermöglichen.

Go verbreitete sich später in andere Teile Asiens. Während der Tang-Dynastie (618–907 n. Chr.) fand das Spiel seinen Weg nach Korea und Japan, wo es rasch an Popularität gewann. In Japan, wo das Spiel "Igo" genannt wird, wurde es nicht nur zur intellektuellen Herausforderung, sondern auch zu einer Kunstform erhoben, die durch den Zen-Buddhismus beeinflusst wurde. Japanische Mönche trugen maßgeblich zur Weiterentwicklung der Go-Strategien bei und machten sich daran, das Spiel zu einem gleichsam spirituellen und intellektuellen Erlebnis zu formen.

Dies erreichte seinen Höhepunkt in der Edo-Zeit (1603–1868), als in Japan professionelle Go-Schulen gegründet wurden und regelmäßige Wettkämpfe sowie der prestigeträchtige Titel des Meijin (Meister) eingeführt wurden. Der heute weltweit bekannte Spielerätsel „Tsumego", die schwierige Go-Probleme darstellt, stammt aus dieser Ära und förderte das strategische Denken der Spieler noch weiter.

In den darauffolgenden Jahrhundert bis zur Moderne behielt Go einen prominenten Platz in sowohl der Kultur als auch im täglichen Leben vieler Menschen in China und Japan. Die Regeln und das Spiel selbst blieben nahezu unverändert, doch die Komplexität und die strategischen

Einsichten des Spiels näherten sich einer tiefen Wissenschaft und Kunst an. Die Verbreitung des Spiels in den Westen begann erst im 19. Jahrhundert und innerhalb der letzten Jahrzehnten erfreut sich Go weltweit wachsender Beliebtheit. Besonders in der westlichen Welt wird seine Tiefe und die unendlichen strategischen Möglichkeiten geschätzt.

Heute ist Go ein globales Phänomen. Weltweite Turniere und eine internationale Gemeinschaft von Spielern zeugen von der universellen Anziehungskraft dieses strategischen Meisterwerks aus der alten chinesischen Kultur. Obwohl es ursprünglich als pädagogisches Werkzeug angefangen haben mag, hat Go mittlerweile weit mehr erreicht und bleibt ein lebendiges Zeugnis der strategischen Errungenschaften alter Kulturen.

- Grundregeln und Spielformen

Das Go-Spiel, das seinen Ursprung im alten China hat, ist ein faszinierendes Brettspiel, das durch seine Einfachheit in den Regeln und die immense Tiefe der strategischen

Möglichkeiten besticht. In diesem Unterkapitel werden wir die grundlegenden Regeln des Go und seine verschiedenen Spielformen im Detail beleuchten, um ein umfassendes Verständnis für dieses Spiel der Unendlichkeit zu bieten.

Das Brett und die Grundausstattung

Go wird auf einem quadratischen Spielfeld gespielt, das von einem Gittermuster aus Linien gebildet wird. Die Standardgröße des Go-Brettes, auch als "Goban" bekannt, beträgt 19x19 Linien, was insgesamt 361 Schnittpunkte ergibt. Es gibt jedoch auch kleinere Bretter, wie das 13x13 oder 9x9 Brett, die besonders für Anfänger und schnelle Partien genutzt werden.

Die Spielsteine, auch "Steine" genannt, sind in zwei Farben erhältlich: Schwarz und Weiß. Zu Beginn des Spiels sind alle Schnittpunkte auf dem Brett leer. Die Spieler entscheiden, wer mit den schwarzen Steinen und wer mit den weißen Steinen spielt, wobei Schwarz traditionell den ersten Zug macht.

Die Zugregeln

Die Spielsteine werden abwechselnd auf die Schnittpunkte des Gitters gesetzt. Einmal gesetzte Steine können nicht mehr bewegt werden. Ziel des Spieles ist es, Gebiete auf dem Brett zu kontrollieren, indem man Steine um diese Bereiche herum platziert und somit Territorien umschließt.

Gefangennahme von Steinen

Eine Besonderheit des Go-Spiels ist die Möglichkeit, gegnerische Steine zu "fangen". Ein Stein oder eine zusammenhängende Gruppe von Steinen ist gefangen, wenn alle benachbarten Schnittpunkte (horizontal und vertikal) von gegnerischen Steinen besetzt sind. Diese gefangenen Steine werden vom Brett entfernt. Es ist essenziell, die sogenannte "Atmung" der Steine im Auge zu behalten – jeder Schnittpunkt, der einen Stein umgibt und nicht von einem gegnerischen Stein besetzt ist, wird als "Atemzug" oder "Liberty" bezeichnet.

Das Konzept der "Ko"-Regel

Eine wichtige Regel im Go-Spiel ist die "Ko"-Regel, die es verbietet, eine Position direkt zu wiederholen. Dies verhindert endlose Zyklen und sorgt für einen dynamischen Spielablauf. Wenn eine Position durch das Entfernen eines Steins entsteht, darf der Gegenspieler nicht unmittelbar im nächsten Zug denselben Stein zurückschlagen und somit die vorherige Brettposition wiederherstellen. Stattdessen muss mindestens ein Zug an anderer Stelle gemacht werden, bevor in die ursprüngliche Position zurückgeschlagen werden kann.

Das Spielende und die Wertung

Eine Partie Go endet, wenn beide Spieler nacheinander passen, was bedeutet, dass sie keinen weiteren sinnvollen Zug mehr sehen. Nach dem Passieren wird das Brett ausgezählt. Die Spieler zählen ihre Territorien, wobei leere Schnittpunkte innerhalb ihrer kontrollierten Gebiete sowie gefangene gegnerische Steine zu ihrer Punktzahl beitragen. Der Spieler mit der höheren Punktzahl gewinnt.

Wichtige Spielformen

Während das Standard-Go-Spiel auf dem 19x19-Brett gespielt wird, gibt es mehrere abweichende Spielformen. Das "Blitz-Go" ist eine schnelle Variante, bei der Spieler besonders wenig Zeit für ihre Züge haben. "Handicap-Go" ermöglicht es Spielern unterschiedlicher Stärke, gleichwertigere Partien zu spielen, indem dem schwächeren Spieler ein Vorsprung in Form von bereits gesetzten Steinen zu Beginn des Spiels gewährt wird.

Ebenfalls bekannt ist das "Paar-Go", bei dem zwei Teams aus jeweils zwei Spielern gegeneinander antreten. Diese Teammitglieder beraten sich jedoch nicht während des

Spiels, was eine zusätzliche Ebene strategischer Tiefe hinzufügt. Ein weiterer interessanter Modus ist das "Rengo", bei
dem mehrere Spieler die Steine einer Farbe abwechselnd
setzen.

Das Verständnis der Grundregeln und der verschiedenen
Spielformen des Go ist entscheidend, um die Faszination
und die strategische Tiefe dieses uralten Spiels wirklich zu
schätzen. In den folgenden Kapiteln werden wir tiefer in die
Strategien und Taktiken eintauchen, die das Spiel so unendlich und doch fesselnd machen.

- Strategien und Taktiken des Go

Das altchinesische Brettspiel Go, das sich durch seine
scheinbar endlosen strategischen Möglichkeiten auszeichnet, fordert die Spieler dazu auf, tiefgründige und langfristige Pläne zu schmieden. Berühmte Go-Meister haben über
Jahrtausende hinweg raffinierte Strategien und Taktiken
entwickelt, die dieses Spiel zu einer Kunstform erhoben haben. In diesem Kapitel werden wir einige der grundlegenden und fortgeschrittenen Strategien und Taktiken

beleuchten, die Go zu einem der anspruchsvollsten Spiele der Geschichte machen.

Grundlagen der Go-Strategie

Das Verständnis der grundlegenden Prinzipien der Go-Strategie ist entscheidend, um die Tiefe und Komplexität dieses Spiels zu begreifen. Eine der Hauptstrategien ist das Konzept des *Fuseki*: die Eröffnung des Spiels. Im Fuseki geht es darum, die Kontrolle über das Brett zu übernehmen, indem man strategische Punkte besetzt, die später als Ausgangspunkte für die Etablierung von Territorien dienen können.

Ein weiterer wesentlicher Aspekt der Go-Strategie ist die Bedeutung von *Influence* (Einfluss) und *Territory* (Territorium). Während in anderen Spielen die Kontrolle über bestimmte Bereiche das primäre Ziel sein kann, legt Go großen Wert auf die langfristige Beeinflussung des gesamten Bretts. Dies bedeutet, dass Spieler nicht nur darauf abzielen, konkrete Teile des Bretts einzunehmen, sondern auch ihre Steine so platzieren, dass sie zukünftige Bewegungen und die Entwicklung des Gegners beeinflussen.

Die Kunst des Angriffs und der Verteidigung

Eine der faszinierendsten Herausforderungen im Go besteht darin, ein Gleichgewicht zwischen Angriff und

Verteidigung zu finden. Beim Angriff zielt der Spieler darauf ab, gegnerische Steine einzuschließen (sogenannte "Killing moves") und schwache Gruppen zu isolieren. Ein effektiver Angriff muss jedoch gut durchdacht sein, um nicht selbst Schwachstellen zu zeigen, die der Gegner ausnutzen könnte.

Auf der anderen Seite ist die Verteidigung eine ebenso kunstvolle Disziplin, die darauf abzielt, eigene Steine bzw. Gruppen nicht nur zu schützen, sondern gleichzeitig gegnerische Angriffe ins Leere laufen zu lassen. Ein häufig benutztes Verteidigungsmanöver ist der *Seki*: eine gegenseitige Lebendigkeit zweier Gruppen, die sich gegenseitig bedrohen, aber dennoch stabil zusammenleben können.

Zeitweilige Opfer und langfristige Gewinne

Eine fortgeschrittene taktische Überlegung im Go ist das Konzept des Zeitweiligen Opfers, auch *Sacrifice* genannt. Spieler geben hierbei bewusst einige ihrer Steine auf, um langfristig größere Vorteile zu erzielen. Beispielsweise kann das Opfern von Steinen dazu dienen, eine stärkere Position im Zentrum des Bretts aufzubauen oder den Gegner in eine strategisch ungünstige Position zu zwingen.

Diese Praxis erfordert ein tiefes Verständnis des Spiels und die Fähigkeit, mehrere Züge im Voraus zu planen. Es ist eine Demonstration der Weisheit des Spruches "Manchmal muss man einen Kampf verlieren, um den Krieg zu gewinnen."

Ko und seine Implikationen

Ein einzigartiger taktischer Aspekt des Go ist die Regel des *Ko*. Diese regel verhindert, dass das Spiel in eine unendliche Schleife gerät, indem sie wiederholte Züge verbietet. Wenn eine "Ko-Situation" auftritt, kann der Spieler, dem das Ergreifen des gegnerischen Steins verboten ist, einen Zug an einer anderen Stelle machen und seinen Gegner so unter Druck setzen, bevor er den ursprünglichen Stein erneut ergreift.

Diese Regel erhöht die strategische Tiefe des Spiels erheblich, da Spieler immer wieder Entscheidungen zwischen lokalen Vorteilen und globalen strategischen Zielen abwägen müssen.

Selbststudium und die Weisheit alter Meister

Das Studium historischer Spiele und das Verstehen der Herangehensweise berühmter Go-Meister sind entscheidende Werkzeuge, um sich im Spiel zu verbessern. Die Partien von Meistern wie Honinbo Shusaku und Go Seigen bieten wertvolle Einblicke in ausgeklügelte Strategien und Denkweisen.

Viele dieser Meisterwerke wurden detailliert analysiert und kommentiert, bieten somit eine nahezu unerschöpfliche Quelle an Wissen und Inspiration für ambitionierte Spieler. Durch das Studium dieser Partien können Spieler lernen, scheinbar einfache Züge in tiefgreifende strategische Manöver zu verwandeln.

Go ist ein Spiel der unendlichen Möglichkeiten und strategischen Tiefen, das von seinen Spielern nicht nur taktisches Geschick, sondern auch Geduld, Weitsicht und eine grundlegende Weisheit abverlangt. Die Strategien und Taktiken des Go sind so vielfältig und komplex, dass sie eine Lebenszeit des Studiums und Spiels bieten können.

Xiangqi: Chinesisches Schach und seine Kriegsstrategien

Die Ursprünge von Xiangqi: Historische Wurzeln und kultureller Kontext

Xiangqi, das chinesische Schach, ist ein faszinierendes Spiel, das tief in der Geschichte Chinas verwurzelt ist. Um Xiangqi voll und ganz zu verstehen, bedarf es eines Blicks auf seine historischen Ursprünge und den kulturellen Kontext, aus dem es hervorging. Die Ursprünge dieses Spiels sind weitreichend und komplex, und sie bieten Einblicke in die Kultur, Philosophie und Kriegskunst des alten Chinas.

Xiangqi, das in seiner gegenwärtigen Form bereits im ersten Jahrtausend vor unserer Zeitrechnung existierte, entstand wahrscheinlich während der Zeit der Streitenden Reiche (475-221 v. Chr.). Diese Ära, geprägt von militärischen Auseinandersetzungen und politischen Intrigen, begünstigte die Entwicklung von taktischen und strategischen Denksportarten. Historische Aufzeichnungen weisen darauf hin, dass hochrangige Krieger und Gelehrte des antiken China

Xiangqi-Spieler waren, die das Spiel nutzten, um ihre intellektuellen und militärischen Fähigkeiten zu schärfen. Dies spiegelt sich auch in der Tatsache wider, dass einige der Figuren im Spiel, wie der General und die Elefanten, militärische Ränge und Einheiten verkörpern.

Die kulturellen Wurzeln von Xiangqi sind eng mit alten philosophischen und religiösen Konzepten verknüpft. Im Besonderen sind die Lehren des Konfuzianismus und Taoismus prägend für die Struktur von Xiangqi. Der Konfuzianismus, mit seiner Betonung auf Moral, Aufrichtigkeit und soziale Harmonie, findet sich in der geordneten und klar definierten Hierarchie der Figuren wieder. Jede Figur hat ihre spezifischen Regeln und Bewegungsmöglichkeiten, ähnlich wie Individuen innerhalb der Gesellschaft ihre Rollen und Pflichten haben. Der Taoismus wiederum, der die Harmonie zwischen Mensch und Natur und die Dualität von Yin und Yang betont, ist in den gegnerischen Kampagnen des Spiels widergespiegelt. Die zwei Lager repräsentieren das Zusammenspiel von gegensätzlichen Kräften, und der Fluss des Spiels zeigt die Balance und den Widerstand zwischen diesen Kräften.

Ein weiterer bedeutender Einfluss auf Xiangqi ist der klassische chinesische Text "Die Kunst des Krieges" von Sunzi.

Dieses Werk, das um das 5. Jahrhundert v. Chr. entstand, ist eine Abhandlung über militärische Taktik und Strategie und hat großen Einfluss auf die Militärdoktrin in China und weltweit ausgeübt. Viele der Prinzipien, die in "Die Kunst des Krieges" beschrieben werden – wie Täuschung, Flexibilität und der kluge Einsatz der eigenen Ressourcen – sind auch in den Strategien von Xiangqi erkennbar. Ein guter Xiangqi-Spieler muss lernen, die Stärken und Schwächen der Figuren zu erkennen, unvorhersehbare Züge zu machen und die Kontrolle über das Spielbrett zu erlangen, ähnlich wie ein General auf dem Schlachtfeld.

Die frühesten archäologischen Beweise für Brettspiele im antiken China stammen aus der Shang-Dynastie (ca. 1600–1046 v. Chr.), doch die spezifischen Beweise für Xiangqi tauchen erst einige Jahrhunderte später auf. Ausgrabungen in alten Gräbern und historischen Stätten haben Spielbretter und Figuren zu Tage gebracht, die bemerkenswerte Ähnlichkeiten mit modernen Xiangqi-Sets aufweisen. Diese Funde unterstreichen die tiefe Verwurzelung des Spiels in der chinesischen Geschichte und Kultur.

Die Nomenklatur und Ikonografie der Xiangqi-Figuren liefert ebenfalls wertvolle Einblicke in die historische und kulturelle Entwicklung des Spiels. Der "General" (帅 Shuài / 将 Jiàng) ist die zentrale Figur und symbolisiert den Anführer der Streitkräfte. Die "Berater" oder "Mandarine" (士 Shì) stehen ihm zur Seite und verkörpern die Berater und Beamten, die den Herrscher unterstützen. Die "Elefanten" (象 Xiàng) repräsentieren starke und mächtige Kreaturen, die im alten China sowohl in der Kriegskunst als auch in königlichen Symbole von großer Bedeutung waren. Die "Pferde" (马 Mǎ) und "Röder" oder "Streitwagen" (车 Jū) sind Mobilitätssymbole und stehen für die taktisch wichtigen Kavallerie- und Streitwageneinheiten im chinesischen Militär.

Die "Kanonen" (炮 Pào) sind besonders interessant, da sie als einzige Figuren springen können und somit eine Kombination aus Artillerie und überraschendem Angriff darstellen. Die "Soldaten" oder "Fußsoldaten" (卒 Zú / 兵 Bīng) sind die fortgeschrittenen Einheiten, die sich über das Spielfeld bewegen, wie die Schachbauern. Das Vorhandensein dieser verschiedenen Einheiten auf dem Brett spiegelt die komplexe Struktur des Militärs und der Gesellschaft im alten China wider und macht das Spiel zu einer Miniaturdarstellung der damaligen Welt.

Die kulturelle Bedeutung von Xiangqi reicht weit über das Spielbrett hinaus. Es hat im Laufe der Jahrhunderte verschiedene künstlerische Ausdrucksformen inspiriert, darunter Literatur, Poesie und Malerei. Die symbolische Bedeutung des Spiels und seine Ästhetik wurden in wunderschönen Kalligrafien und historischen Gemälden verewigt, die die tiefsitzende Wertschätzung der Chinesen für Xiangqi belegen. Der philosophische, strategische und künstlerische Einfluss, den Xiangqi auf die Kultur hatte, ist unbestreitbar und macht es zu einem Schlüsselwerkzeug zum Verständnis der alten chinesischen Zivilisation.

Zusammenfassend ist Xiangqi nicht nur ein Spiel, sondern ein Fenster in die Geschichte, Philosophie und Kriegsstrategie des alten China. Es ist eine faszinierende Mischung aus intellektuellem Training, kulturellen Symbolen und philosophischen Lehren, die uns auch heute noch viel über die Weisheit und das taktische Denken der alten Chinesen lehren kann. Xiangqi bleibt ein lebendiges Zeugnis einer reichen kulturellen Tradition, die es wert ist, weiter erforscht und gewürdigt zu werden.

Die Regeln und Grundprinzipien von Xiangqi: Spielfeld, Figuren und Spielablauf

Xiangqi, auch bekannt als Chinesisches Schach, ist nicht nur ein Spiel, sondern eine Jahrhunderte alte Tradition, die tief in der chinesischen Geschichte verwurzelt ist. Das Spiel wurde entwickelt, um die Komplexität von Kriegsstrategien auf ein Brettspiel zu übertragen, und ist bis heute eines der beliebtesten Spiele in China und in vielen anderen Teilen der Welt. Um Xiangqi vollständig zu verstehen, ist es wichtig, seine Regeln, Grundprinzipien, Spielfeld, Figuren und den Spielablauf genau zu kennen.

Das Spielfeld:

Das Xiangqi-Brett besteht aus neun vertikalen und zehn horizontalen Linien, die ein 9x10-Gitter bilden. Auffallend ist, dass die Spielfelder nicht innerhalb der Gitterlinien liegen, wie bei westlichen Brettspielen, sondern die Figuren auf den Kreuzungspunkten der Linien platziert werden. Dies führt zu einem einzigartigen Spielablauf und erhöht die strategische Tiefe des Spiels.

Eine Besonderheit des Xiangqi-Bretts ist der Fluss, der das Spielfeld in zwei Hälften teilt. Dieser Fluss, auch "He" genannt, repräsentiert den Fluss Yangtze. Er hat eine tiefgreifende Bedeutung, da bestimmte Spielfiguren, wie die Elefanten, den Fluss nicht überschreiten dürfen, während andere Figuren spezifische Bewegungsmuster entlang des Flusses haben.

Die Spielfiguren:

Die Figuren beim Xiangqi sind in zwei Armeen unterteilt: Rot und Schwarz, wobei jede Seite 16 Figuren hat. Jede Figur hat eigene Bewegungsregeln und eine spezielle Rolle im Spiel. Hier eine Übersicht über die verschiedenen Figuren:

- **Der General (Jiang bzw. Shuai):** Der General ist das Herzstück des Spiels, vergleichbar mit dem König im westlichen Schach. Er bewegt sich nur innerhalb des "Palastes", einem 3x3-Gitter auf jeder Seite des Spielfelds, und kann sich nur horizontal oder vertikal jeweils ein Feld bewegen.
- **Die Berater (Shi):** Jede Seite hat zwei Berater, die ebenfalls nur innerhalb des Palastes operieren dürfen. Ihre Bewegung beschränkt sich auf die Diagonalen des 3x3-Gitters.
- **Die Elefanten (Xiang):** Diese Figuren bewegen sich zwei Felder diagonal, wobei sie den Fluss nicht überschreiten dürfen. Ihre Aufgabe ist primär defensiv.
- **Die Pferde (Ma):** Sie bewegen sich in einer L-Form, genau wie die Springer im westlichen Schach, jedoch können sie durch blockierende Figuren behindert werden.
- **Die Wagen (Ju):** Diese können sich so viele Felder bewegen wie gewünscht, horizontal oder vertikal, und sind somit sehr mächtig und vergleichbar mit den Türmen im westlichen Schach.
- **Die Kanonen (Pao):** Sie ziehen sich wie die Wagen,

dürfen jedoch nur dann schlagen, wenn eine andere Figur, "die Bombe", zwischen ihnen und dem Ziel steht.

Die Soldaten (Bing bzw. Zu): Soldaten sind die Bauern von Xiangqi. Sie ziehen und schlagen ein Feld nach vorne und dürfen nach Überqueren des Flusses auch horizontal ziehen und schlagen.

Der Spielablauf:

Zu Beginn des Spiels sind alle Figuren auf ihren vordefinierten Ausgangspunkten platziert. Das Ziel des Spiels ist es, den General des Gegners mattzusetzen, also in eine Position zu bringen, aus der er keinen legalen Zug mehr machen kann und gleichzeitig von einer gegnerischen Figur bedroht wird. Es gibt jedoch eine wichtige Regel: Der eigene General darf niemals direkt dem gegnerischen General gegenüberstehen, ohne dass eine Figur dazwischen steht.

Die Spieler machen abwechselnd Züge, wobei sie jeweils eine Figur bewegen. Der Zug jeder Figur erfolgt gemäß ihrer spezifischen Bewegungsregeln. Ein besonders strategisches Element ist das "Jiang", das Pendant zu "Schach" im westlichen Schach. Dabei wird der gegnerische General direkt angegriffen, und der gegnerische Spieler muss diesen Angriff abwehren, bevor er irgendeinen anderen Zug machen kann.

Eine weitere tiefe taktische Ebene wird durch das Konzept des "Kanonenangriffs" eingeführt. Durch das Einsetzen der Kanone und das richtige Positionieren von "Bomben" können durchschlagende Angriffe auf den Gegner ausgeführt werden. Die Spieler müssen daher sowohl ihre Angriffsmöglichkeiten geschickt nutzen als auch ständig ihre Verteidigung im Auge behalten.

Besondere Regeln und Situationen:

Es gibt eine Reihe spezieller Regeln und Stellungssituationen, die das Xiangqi noch komplexer und faszinierender machen:

Schach und Gegen-Schach: Wenn ein Spieler seinen Gegner im Schach setzt, muss der Gegner direkt darauf antworten und den Schachangriff abwehren.

Pattsituationen: Das Spiel endet unentschieden in Situationen, in denen keine der beiden Seiten den gegnerischen General mattsetzen kann oder wenn beide Seiten etwa die gleiche Anzahl an starken Figuren haben und keine signifikanten Fortschritte erzielt werden können.

Insgesamt erfordert Xiangqi sowohl strategisches Denken als auch taktische Finesse. Jeder Zug, jede Positionierung und jede Figur haben ihre Rolle im großen Ganzen, und ein versierter Spieler muss stets viele Züge im Voraus denken und planen. Die Regeln und Grundprinzipien von Xiangqi sind auf den ersten Blick einfach, doch mit wachsender Erfahrung eröffnen sich immer tiefere und komplexere Dimensionen des Spiels.

Xiangqi als Abbild der chinesischen Kriegsführung: Taktiken und Strategien

Xiangqi, auch bekannt als chinesisches Schach, ist weit mehr als nur ein Brettspiel. Es ist eine verfeinerte Darstellung militärischer Taktiken und Strategien. Das Spielfeld selbst, das aus einer zehn mal neun Linien umfassenden Rasterstruktur besteht, symbolisiert ein Schlachtfeld, auf dem sich die beiden gegnerischen Armeen gegenüberstehen. Jede Figur hat nicht nur eine spezifische Bewegungsmöglichkeit, sondern repräsentiert auch eine bestimmte militärische Einheit, deren Rolle und Bedeutung tief im militärischen Denken der chinesischen Antike verwurzelt ist.

Beim ersten Blick auf das Schachbrett fallen die beiden Flüsse störend auf, welche das Spielfeld in zwei Hälften teilen. Diese Flüsse symbolisieren den realen geografischen

Einfluss auf militärische Strategien und Bewegungen. Gleichzeitig repräsentieren sie die strategischen Hindernisse, die Armeen in historischen Schlachten überwinden mussten. Die gegnerischen Truppen positionieren sich auf beiden Seiten des Flusses, ähnlich wie reale Armeen dies in historischen Kriegen taten.

Bei den Figuren beginnen wir mit dem General ("Jiang" oder "Shuai"), der von äußerster Bedeutung ist. Verlust des Generals bedeutet das Ende des Spiels. In klassischen chinesischen Militärtexten wie "Die Kunst des Krieges" von Sunzi (ca. 500 v. Chr.) wird oft betont, wie zentral die schützende Strategie um den Anführer für den Erfolg der Armee ist. Der General bewegt sich nur in der neuner Zone, die als Palast bezeichnet wird, und veranschaulicht dadurch die Notwendigkeit, zentrale Anführer hinter sicheren Linien zu schützen.

Die Berater ("Shi") stehen dem General zur Seite und haben eine eingeschränkte Bewegungsfreiheit. Sie repräsentieren die zivilen Beamten und Berater, welche in der historischen chinesischen Armee oft direkt neben dem Oberbefehlshaber stationiert waren, um strategische Entscheidungen und Verwaltungsaufgaben zu unterstützen.

Das Pferd ("Ma") und der Streitwagen ("Ju") bilden die Flügel der Armee und haben die Möglichkeit, sich flexibel über große Teile des Bretts zu bewegen. Das reglementierte Bewegungsmuster des Pferdes, das um eine Figur ‚L'-förmig herumspringt, impliziert die Bedeutung flankierender Bewegungen und Umgehungsmanöver in der chinesischen Kriegsführung. Berühmt hierfür sind die strategischen Schriften des Generals Qi Jiguang aus der Ming-Dynastie, der betonte, wie entscheidend die Beweglichkeit der Kavallerie in einer Schlacht ist.

Die Elefanten ("Xiang") spiegeln die historischen Kriegselefanten wider, die in bestimmten Phasen der chinesischen Militärgeschichte eingesetzt wurden. Ihre Fähigkeit, nur zwei Felder diagonal zu ziehen, begrenzt ihre Reichweite, verdeutlicht jedoch die symbolische Rolle von schweren Einheiten, die gleichzeitig eine defensive und abschreckende Funktion haben.

Die Kanonen ("Pao") nehmen eine einzigartige Stellung in Xiangqi ein, da sie mit einem "Sprung" nach vorne Figuren angreifen können, wenn sie eine andere Figur überspringen. Diese Kriegsmaschine repräsentiert die Einführung des Schießpulvers und die Nutzung von Artillerie in der chinesischen Militärgschichte, besonders während der Song-

Dynastie, als die Verwendung von Sprengstoff und Früh-
formen von Kanonen ihren Einzug in die Schlachtfelder fanden.

Schließlich dürfen die Fußsoldaten oder Bauern ("Bing")
nicht vernachlässigt werden. Diese Truppen, die sich nur
vorwärts bewegen und auf feindlichem Territorium lateral
verschieben können, symbolisieren die Masse an Infanterie
in der traditionellen chinesischen Armee. Ihre eingeschränkte Bewegungsfreiheit verdeutlicht ihre Rolle als
Fronttruppen, die ihre Lebensgefahr potentiell zu geopfer-
ten Bauern werden. Doch ihre Zahl und ihre schrittweise
Vorwärtsbewegung betonen die Unausweichlichkeit und
den Druck, den große Infanteriemassen auf den Feind aus-
üben können.

Insgesamt fungieren die Regeln und Figuren von Xiangqi
als Metaphern für strategische Prinzipien und taktische
Überlegungen, die in der historischen chinesischen Militär-
führung von zentraler Bedeutung waren. Xiangqi als Spiel
bildet dadurch nicht nur philosophische und kulturelle
Werte ab, sondern veranschaulicht eindrucksvoll die Tiefe
und den Reichtum des strategischen Denkens in der chinesischen Kriegsführungsgeschichte. Es bietet Spielern die
Möglichkeit, diesen geschichtlichen Kontext nachzuerleben

und das Bestehen einer über Jahrtausende gewachsenen, taktischen Intelligenz zu begreifen.

Pachisi: Das indische Königsspiel

Die historischen Ursprünge von Pachisi

Wenn wir über Pachisi sprechen, begegnen wir einem der faszinierendsten und symbolträchtigsten Spiele aus der reichen Geschichte Indiens. Über Jahrtausende hinweg hat dieses Spiel nicht nur Unterhaltung geboten, sondern auch kulturelle Werte und königliche Pracht vermittelt. Die historischen Ursprünge von Pachisi führen uns tief in die antike indische Zivilisation, wo das Spiel in Palästen und auf den Straßen gleichermaßen populär war.

Die frühesten Erwähnungen von Pachisi finden sich in den Epen und Geschichten des alten Indiens. Laut historischen Texten wurde das Spiel bereits im 6. Jahrhundert n. Chr. gespielt, obwohl einige Historiker glauben, dass seine Ursprünge weit älter sein könnten. Der Name "Pachisi" leitet sich vom Wort "Pachis" ab, was im Sanskrit "25" bedeutet, da 25 die höchste Punktzahl ist, die in einer Runde geworfen werden kann.

Es ist bemerkenswert, dass Pachisi oft als das "indische Königsspiel" bezeichnet wird. Dieser Titel ist nicht nur metaphorisch; historische Berichte legen nahe, dass indische Herrscher wie der berühmte Mogulkaiser Akbar der Große leidenschaftliche Spieler von Pachisi waren. Der Legende nach ließ Akbar im königlichen Durbargarten in Fatehpur Sikri ein riesiges Spielbrett in den Marmor einlegen, auf dem er lebende Diener als Spielfiguren einsetzte. Dieses prächtige Spektakel sollte die Macht und den Reichtum des Kaisers zur Schau stellen und gleichzeitig seine strategischen Fähigkeiten demonstrieren.

Der Einfluss von Pachisi beschränkte sich nicht nur auf die Herrscherhäuser Indien. Das Spiel verbreitete sich im Laufe der Jahrhunderte in verschiedene Regionen Asiens und darüber hinaus, sodass es in unterschiedlichen Kulturen zahlreiche Adaptionen und Varietäten gab. Beispielsweise ist das in Europa sehr bekannte "Ludo", das im 19. Jahrhundert von den Briten entwickelt wurde, eine Vereinfachung des traditionellen Pachisi.

Archäologische Funde und Aufzeichnungen bestätigen die Bedeutung des Spiels in verschiedenen sozialen Schichten der indischen Gesellschaft. Neben königlichen Höfen wurde Pachisi häufig bei Volksfesten und in familiären Zusammenkünften gespielt. Es symbolisierte nicht nur Unterhaltung, sondern auch Gemeinschaft, soziale Interaktion und strategisches Denken.

Ein weiteres interessantes Element der historischen Ursprünge von Pachisi ist seine spirituelle und symbolische Bedeutung. In der hinduistischen Kultur wird Pachisi oft als Repräsentation des Lebensweges betrachtet. Die Figuren auf dem Brett symbolisieren die menschliche Seele, die sich durch verschiedene Stadien des Lebens bewegt. Das Ziel, das Zentrum des Brettes zu erreichen, symbolisiert die Erlangung der spirituellen Erleuchtung oder Moksha. Diese allegorische Interpretation des Spiels fördert nicht nur das Verständnis für indische Spiritualität, sondern bietet auch einen tiefen Einblick in das philosophische Gedankengut dieser Kultur.

Die Popularität von Pachisi und seine kulturelle Bedeutung haben es zu einem fest verwurzelten Bestandteil indischer Tradition gemacht. Trotz der Jahrhunderte und der Evolution des Spiels bleibt seine essenzielle Natur unverändert: Ein Spiegel der indischen Gesellschaft, ein Zeugnis für strategisches Denken und ein Symbol für Königlichkeit und kulturellen Reichtum.

Heute wird Pachisi weltweit gespielt und geschätzt. Es hält die Verbindung zu seinen historischen Wurzeln aufrecht und setzt seine Reise durch die Zeit und über die Kontinente fort, eine Reise, die vor vielen Jahrhunderten in den prachtvollen Palästen und einfachen Dörfern des alten Indiens begann.

Aufbau und Gestaltung des Spielbretts

Ein wesentlicher Aspekt des Spiels Pachisi, auch bekannt als das indische Königsspiel, ist sicherlich das Spielbrett selbst, das von seiner einzigartigen Gestaltung und dem tiefen kulturellen Hintergrund geprägt ist. Die Konstruktion des Pachisi-Bretts spiegelt nicht nur das Geschick und die Kreativität der alten Handwerkskunst wider, sondern vermittelt auch eine Mischung aus sportlichem Wettbewerb und ästhetischer Schönheit.

Das klassische Pachisi-Brett ist typischerweise in Form eines Kreuzes gestaltet, wobei sich vier Arme von einer zentralen Anordnung aus erstrecken. Diese vier Arme repräsentieren die Wege, auf denen die Spielsteine oder 'Gotis' der Spieler reisen und schließlich in das Zentrum, genannt 'Charkoni', gelangen müssen. Diese Kreuzform ist nicht nur funktional, sondern symbolisiert auch die Harmonie und das Zusammenspiel der vier Himmelsrichtungen sowie der vier kastenlosen Spieler, deren Wege sich im Herzen des Bretts kreuzen.

Jeder der vier Arme des Bretts besteht aus drei Linien von acht Quadraten, wobei die Quadrate oft durch bunte Muster und Designs hervorgehoben werden. Diese Quadrate dienen als Felder, auf die die Gotis entlang ihrer Reise bewegt werden. Entlang der Ecken des Bretts befinden sich „sichere Knotenpunkte", die oft durch spezifische Markierungen oder Verzierungen gekennzeichnet sind. Diese Orte bieten den Gotis Schutz vor dem Rauswurf durch gegnerische Steine und tragen somit zur strategischen Tiefe des Spiels bei.

Das Zentrum, der Charkoni, ist oft reich verziert und hebt sich vom Rest des Bretts ab. Traditionell ist dieses zentrale Quadrat oft mit Mustern, Symbolen oder gar Edelsteinen geschmückt, die dem Brett ein königliches Aussehen verleihen. Der Charkoni repräsentiert das Ziel des gesamten Spiels - es ist der Punkt, zu dem alle Steine streben, um den Sieg zu erringen.

Materialien für das Pachisi-Brett variieren je nach historischem Zusammenhang und sozialem Status der Spieler. In königlichen Höfen waren Pachisi-Bretter oft aus wertvollen Materialien gefertigt wie Seide, wertvollem Stoff oder sogar in den Boden der Paläste eingearbeitet. Reich verzierte Versionen wurden mit Gold- und Silberfäden gewebt, mit Elfenbein, Perlmutt oder kostbaren Steinen verziert. Solche prunkvollen Bretter erinnerten an die opulente Lebensweise und den sozialen Rang der Spieler und gaben dem Spiel ein luxuriöses Ambiente.

Das Brett konnte aber auch einfachere Formen annehmen, vor allem wenn es von der breiten Masse gespielt wurde. In weniger wohlhabenden Haushalten oder in dörflichen Gemeinschaften wurde das Pachisi-Brett aus Stoff, Leder oder Holz gefertigt, wobei die Spielfelder auf einfachste Weise bemalt oder geschnitzt wurden. Dies zeigte, dass das Spiel allen sozialen Schichten zugänglich war und von Menschen aller Hintergründe geschätzt wurde.

Ein weiterer interessanter Aspekt des Pachisi-Bretts ist sein mobiles Design. Da das Spiel oft auf einem Tuch oder Stoffstück gespielt wurde, konnte es leicht zusammengerollt und transportiert werden. Diese Mobilität ermöglichte spontane Spiele an verschiedenen Orten und trug zur weiten Verbreitung von Pachisi in Indien und darüber hinaus bei.

Zusammenfassend lässt sich sagen, dass der Aufbau und die Gestaltung des Pachisi-Bretts mehr als nur ein Mittel zur Durchführung des Spiels darstellen. Sie reflektieren soziale und kulturelle Dimensionen, repräsentieren handwerkliches Können und symbolisieren den Weg des Lebens und der Harmonie in der indischen Kultur. Durch diese sorgfältig gestalteten Bretter bekommt das Spiel seine unverwechselbare Identität, die über Jahrhunderte hinweg Generationen von Spielern fasziniert und unterhalten hat.

Detaillierte Anleitung und Spielregeln von Pachisi

Pachisi, das klassische Spiel, das oft als das „indische Königsspiel" bezeichnet wird, ist nicht nur in seiner Heimat Indien von Bedeutung, sondern hat auch weltweit eine Verbreitung und Adaption gefunden. Es verfügt über Jahrhunderte hinweg über Generationen hinweg gepulsiert und wurde in verschiedenen Kulturen gespielt und geliebt. In diesem Unterkapitel vermitteln wir eine detaillierte Anleitung und die Spielregeln für Pachisi, damit auch Sie selbst den vollen Genuss dieses historischen Spiels erleben können.

Spielkomponenten: Ein traditionelles Pachisi-Spielset besteht aus einem kreuzförmigen Spielbrett, das in vier
„Arme" unterteilt ist, und einer zentralen Mitte, die als Zielpunkt dient. Jedes der vier Arme ist in acht Felder unterteilt,
wobei das äußerste Feld jedem Arm als Starpunkt dient. Sie
finden auch mehrere markierte „Festungen" auf dem Spielbrett, wo Figuren sicher sind. Jeder Spieler hat vier Spielfiguren in einer eigenen Farbe und sechs bis sieben Kuhrygel
(Kaurischnecken, Knochenwürfel oder spezielle Würfel).
Moderne Varianten verwenden oft sechsseitige Würfel.

Spielziel: Das Hauptziel von Pachisi ist, alle vier eigenen
Spielfiguren als erster wieder „nach Hause" zu bringen,
d.h., sie zurück in die Mitte des Spielfelds zu bringen, nachdem sie eine volle Runde über das Spielbrett gemacht haben.

Spielvorbereitung: Jeder Spieler wählt eine Farbe und platziert seine vier Spielfiguren im Startbereich seiner Farbe.
Vergewissern Sie sich, dass das Spielbrett flach liegt und die
Kaurischnecken oder Würfel bereit sind. Der Spieler, der

anfängt, wird durch Los bestimmt oder durch einen vorab festgelegten Beschluss.

Grundlegende Regeln und Zugmechanismen:

Die Spieler würfeln abwechselnd mit den Kaurischnecken oder Würfeln.

Die Zahl der erzielten Punkte bestimmt, wie viele Felder der Spieler eine seiner Figuren bewegen kann. In der traditionellen Variante mit Kaurischnecken werden Ergebnisse folgendermaßen gezählt:

> 1 Kaurischnecke geöffnet (Rücken nach oben): 1 Punkt
>
> 2 Kaurischnecken geöffnet: 2 Punkte
>
> 3 Kaurischnecken geöffnet: 3 Punkte
>
> 4 Kaurischnecken geöffnet: 4 Punkte
>
> Alle Kaurischnecken geschlossen: 6 Punkte (mit einem zusätzlichen Wurf)

Sie erzielen die Punkte und bewegen eine Figur um die entsprechende Anzahl an Feldern.

Wenn der Wurf eine Zahl ergibt, die mit keiner Figur vorgenommen werden kann, wird der Zug übersprungen.

Figuren können sichere Festungsfelder passiert, aber nicht über diese hinaus bewegt werden, wenn ein Gegner darauf steht.

Wenn eine Figur auf einem Feld endet, auf dem bereits eine Gegnerfigur steht, wird die gegnerische Figur

geschlagen und zurück in deren Startbereich geschickt.

Besondere Regeln:

Ein Spieler muss eine 6 werfen, um eine Figur ins Spiel zu
bringen.

Beim Einholen über das Startgewicht, wird die Spielfigur
automatisch als geschlagen angesehen und zurück in
den Startbereich geschickt.

Ein Spieler kann Würfel werfen, bis alle seine Spielfiguren „sicher" sind (auf Festungen oder im Haupthaus).

Auf einem Feld dürfen nicht mehrere Figuren derselben
Farbe stehen.

„Hilde"-Regel: Bestimmte Felder sind als „sicher" bezeichnet und als Festungen markiert.

Strategische Überlegungen: Trotz der scheinbaren Einfachheit bietet Pachisi eine Fülle von strategischen Möglichkeiten:

Spieler müssen entscheiden, wann sie ihre Figuren ins
Spiel bringen wollen und wann sie sie an einem sicheren Ort belassen.

Ein geschicktes Timing beim Schlagen der gegnerischen
Figuren kann den Spielverlauf erheblich beeinflussen.

Das Nutzen von Sicgheitsfeldern und Festungen als

strategische Rückzugsorte bis zu einem strategisch günstigeren Zeitpunkt.
Ein stetes Gleichgewicht zwischen aggressiver Spielweise und Defensivtaktik kann den Unterschied zwischen Sieg und Niederlage ausmachen.

Pachisi ist nicht nur ein Spiel, sondern auch ein Fenster in die Vergangenheit, das zeitgleiche Freude und historische Tiefe in sich birgt. Indem Sie sich mit diesem Spiel beschäftigen, tauchen Sie ein in die faszinierende Welt des alten Indiens und dessen sinnreiche Spielekultur. Erleben Sie die unvergleichliche Atmosphäre und Spannung, die Pachisi bietet, und lassen Sie dieses traditionsreiche Spiel neu aufleben.

Patolli: Das Glücksspiel der Azteken

Ursprung und kultureller Kontext von Patolli

In den lebendigen und pulsierenden Gesellschaften Meso-
amerikas war das Glücksspiel ein integraler Bestandteil des
Alltags, und eines der faszinierendsten Spiele war zweifel-
los Patolli. Das Spiel, das nicht nur unterhalten, sondern
auch als spiritueller und zeremonieller Akt fungieren sollte,
ist ein eindrucksvolles Beispiel dafür, wie tief verwurzelt
Brettspiele in der Kultur der Azteken waren.

Patolli ist ein Glücksspiel, das seine Ursprünge im präko-
lumbianischen Mesoamerika hat, lange bevor die spani-
schen Konquistadoren den Kontinent erreichten. Seine Ursprünge reichen wahrscheinlich bis zu den Olmekern zurück, einer der frühesten Zivilisationen in dieser Region,
und von dort aus verbreitete es sich. Es war besonders bei
den Azteken beliebt, die es sowohl als Freizeitvergnügen als
auch als eine Form der Wahrsagung und rituellen Praxis

betrachteten. Das Wort „Patolli" stammt aus dem Nahuatl, der Sprache der Azteken, und bedeutet „kleine Bohne", was auf die mit Bohnenkernen gefüllten Spielmarken hinweist, die im Spiel verwendet wurden.

In der aztekischen Kultur nahm Patolli einen zentralen Platz ein, vor allem, weil es mehr als nur ein einfaches Spiel war. Es wurde oft während religiöser Feste und Rituale gespielt und hatte eine tiefe spirituelle Bedeutung. Patolli wurde in der Regel in der Nähe von Tempeln oder an anderen heiligen Orten gespielt, was zeigt, wie sehr es mit religiösen Überzeugungen und Praktiken verbunden war. Die Azteken glaubten, dass das Spiel eine Möglichkeit war, die Götter zu ehren und deren Wohlwollen zu erlangen. Insbesondere wird Patolli mit dem Gott Macuilxochitl (auch bekannt als Xochipilli) in Verbindung gebracht, der als der Schutzpatron der Glücksspiele und Künstler galt.

Neben seinem religiösen Kontext war Patolli auch ein Mittel zur Sozialisation und Unterhaltung. Es war nicht nur bei der Elite, wie den Adligen und Priestern, beliebt, sondern auch beim einfachen Volk. Das Spiel brachte Menschen aus verschiedenen Gesellschaftsschichten zusammen und bot eine willkommene Ablenkung vom alltäglichen Leben. Historischen Berichten zufolge wurden bei Patolli nicht nur Bohnenkerne als Spielmarken verwendet, sondern auch wertvollere Gegenstände wie Edelsteine, Schmuck und sogar Land. In einigen Fällen konnten die Einsätze so hoch sein, dass Spieler ihre Freiheit oder ihr Leben aufs Spiel setzten. Dies unterstreicht die Bedeutung des Spiels und die Ernsthaftigkeit, mit der es betrieben wurde.

Patolli war auch ein Ausdruck der aztekischen Weltanschauung und ihrer kosmologischen Vorstellungen. Das spielförmige Kreuz, auf dem gespielt wurde, repräsentierte die vier Kardinalpunkte und das Zentrum, ein häufiges Symbol in der aztekischen Kunst und Religion. Die vier Quadrate stehen für die Elemente der Erde, während das Zentrum das Herz des Universums symbolisiert. Dieses Layout spiegelte die aztekische Sichtweise der Welt wider und verband das Spielerlebnis mit tiefgründigen metaphysischen Konzepten. Dadurch wurde Patolli zu einer Brücke zwischen dem Irdischen und dem Göttlichen, eine Methode, um sowohl das tägliche Leben als auch das religiöse Leben der Azteken zu verbinden.

Die Spielplätze, auf denen Patolli gespielt wurde, waren oft kunstvoll gestaltet und mit Symbolen versehen, die die kosmischen Ansichten der Azteken widerspiegelten. Einige dieser Spielbretter wurden in den Boden eingegraben oder auf Textilien aufgestickt, was die Bedeutung und den

Respekt unterstrich, den die Spieler dem Spiel entgegenbrachten. Die visuelle Gestaltung der Spielstätten erinnerte die Spieler ständig an die spirituellen und kulturellen Aspekte des Spiels.

Zusammenfassend lässt sich sagen, dass Patolli weit mehr als nur ein einfaches Glücksspiel war. Es war ein reichhaltiges kulturelles Phänomen, das tiefe religiöse, soziale und symbolische Bedeutungen für die Azteken hatte. Patolli brachte Menschen zusammen, diente zur Unterhaltung und zur spirituellen Bereicherung, und war ein Spiegelbild der komplexen Weltanschauung und Kultur der Azteken. Indem wir die Ursprünge und den kulturellen Kontext dieses faszinierenden Spiels verstehen, gewinnen wir wertvolle Einblicke in die Gesellschaft, die es hervorgebracht hat, und in die tief verwurzelte Bedeutung, die Brettspiele in dieser Zeit und in dieser Kultur hatten.

Die Spielregeln: So funktioniert Patolli

Patolli, ein faszinierendes Glücksspiel der Azteken, steckt voller Kultur und Geschichte. Seine Spielregeln verraten nicht nur die Komplexität des Spiels, sondern auch die tiefe Verbundenheit der Azteken mit ihrem Glauben und ihrer

Gesellschaftsstruktur. In diesem Unterkapitel tauchen wir tief in die Mechanismen des Spiels ein und erklären, wie Patolli gespielt wird.

Das Spielfeld von Patolli ist einzigartig und zeichnet sich durch sein kreuzförmiges Layout aus, das oft auf einer Mattenunterlage, bekannt als "petatl", aufgemalt wurde. Jedes der vier Arme des Kreuzes besteht aus 12 Feldern, die den Spielerbewegungen dienen. Das Zentrum des Kreuzes, der Mittelpunkt des Spielfelds, ist besonders heilig und gilt als Ziel und strategische Steuerungszentrale im Spiel.

Der Fortschritt entlang der Spielfelder wurde ursprünglich mit Bohnenmarkierungen oder kleinen Steinen nachverfolgt. Diese Markierungen standen symbolisch für den Fortschritt und Erfolg der Spieler, die oft in großer Konkurrenz um deren Positionen standen.

Jeder Spieler erhält sechs Spielsteine, die sie entlang der Spielfelder bewegen. Dabei werden Bohnen als Würfel verwendet, wobei normalerweise vier oder fünf Bohnen mit Kerben auf einer Seite eingesetzt werden. Die Anzahl der Kerben, die nach oben weisen, bestimmt die Anzahl der im Spielzug zu bewegenden Felder. Das Wurfverfahren bietet nicht nur einen unterhaltsamen Zufallseffekt, sondern integriert auch kulturelle Praktiken im Spielverlauf.

Das Ziel des Spiels besteht darin, alle sechs Spielsteine erfolgreich um das Spielfeld zu bewegen und sie anschließend zurück zum Startpunkt zu führen. Dies erfordert strategische Planung und eine gute Portion Glück, da jeder Zug durch die Bohnenwürfel bestimmt wird. Bewegungen sind nur in eine Richtung erlaubt und Spieler müssen auf den Feldern des Kreuzes strategisch navigieren.

Ein wichtiger Aspekt, der Patolli von vielen anderen Brettspielen unterscheidet, ist das Glücksspiel-Element. Häufig setzen die Spieler vor Spielbeginn auf das Ergebnis des Spiels. Dies könnte in Form von landwirtschaftlichen Produkten, Kleidungsstücken, Werkzeugen oder sogar wertvollem Schmuck geschehen. Die Wetteinsätze machen das Spiel nicht nur spannend, sondern auch riskant, da der Verlierer seine Einsätze an den Sieger übergeben muss.

Das Landing auf speziell markierten Feldern im Spiel öffnet ebenfalls besondere Optionen oder Risiken. Häufig gibt es bestimmte Felder, die eine ganze Reihe von Ereignissen auslösen können: einige vergeben Boni, andere führen zu Strafen wie der Rückkehr zum Startfeld.

Ein strategisches Element in Patolli ist das Blockieren der Bewegungen der Gegner. Wenn ein Spieler einen Spielstein auf ein bereits durch einen anderen Spieler besetztes Feld bewegt, zwingt er den gegnerischen Spielstein zurück zum Start. Dies hat zur Folge, dass die Spieler nicht nur ihre eigenen Fortschritte planen müssen, sondern auch ständig die Position der anderen Spielsteine auf dem Spielfeld überwachen.

Patolli bringt oft hohe psychologische und strategische Spannung mit sich. Die Balance zwischen Risiko und Belohnung, die Unvorhersehbarkeit des Würfeln mit den Bohnen und die Notwendigkeit, gegnerische Bewegungen zu antizipieren, machen es zu einem Spiel voller Taktik und Nervenkitzel.

Zusammenfassend lassen sich die Spielregeln von Patolli wie folgt strukturieren:

Kreuzförmiges Spielfeld.

Würfeln mit markierten Bohnen, um Bewegungen zu bestimmen.

Ziel: Alle Spielsteine einmal um das Spielfeld bewegen und zurück zum Start bringen.

Wetten und Einsätze sind integraler Bestandteil des
Spiels.
Spezielle Felder bieten Boni oder Strafen.
Blockieren und Zurücksetzen gegnerischer Spielsteine ist
erlaubt.

Patolli ist weit mehr als ein einfaches Glücksspiel. Es verkörpert die aztekische Sicht auf das Leben, in dem Schicksal, Strategie und Glück eng miteinander verbunden sind. Die Spielregeln, die auf den ersten Blick simpel erscheinen mögen, bieten doch eine Tiefe und Komplexität, die das Spiel seit Jahrhunderten faszinierend machen.

Strategien und Taktiken im Patolli-Spiel

Im grünenden Miteinander des antiken Mesoamerika florierte das Spiel Patolli, ein symbolträchtiges und strategisches Glücksspiel, das man sowohl zur Unterhaltung als auch rituellen Handhabung nutzte. Patolli war mehr als ein einfaches Würfelspiel. Die Azteken sahen es als eine Art rituellen Kampf und eine Möglichkeit, die Vorsehungen ihrer Götter zu ergründen. Um in diesem Spiel erfolgreich zu sein, bedurfte es nicht weniger als einer Kombination aus strategischem Geschick, vorausschauender Planung und ein wenig Glück. In diesem Kapitel werden die wichtigsten Strategien und Taktiken des Patolli-Spieles ausführlich dargestellt, um einen Gewinn zu maximieren und dem Leser den faszinierenden Einblick in die Denkweise der antiken Spieler zu gewähren.

Die Bedeutung der Ausgangsposition

Bevor der Spieler überhaupt beginnt, seine Bohnen auf das Brett zu setzen, ist es von entscheidender Bedeutung, die Startpositionen der eigenen Spielsteine klug zu wählen. Die Wahl der Ausgangsposition beeinflusst die gesamte Dynamik des Spiels. Da die Felder des Bretts eine heilige Geometrie darstellen, muss die Position der Spielsteine sowohl taktisch als auch im Einklang mit den rituellen Überzeugungen der Azteken gewählt werden. Historische Quellen belegen, dass es als geschickt betrachtet wurde, zentral zu starten, um eine stärkere Kontrolle über den Spielverlauf zu haben.

Einsatz von Opfergaben

Ein wesentlicher Bestandteil des Spiels war das Setzen von Opfergaben, welche die persönlichen Güter oder Edelsteine der Spieler darstellten. Durch das geschickte Nutzen von Opfergaben konnte der Spieler das Glück des Gegners herausfordern und seine eigene Position stärken. Es zeigt sich, dass Spieler, welche großzügig aber strategisch Opfergaben platzierten, ein höheres Maß an Kontrolle und Macht im Spielverlauf besaßen. Diese Strategie diente nicht nur dazu, den Gegner zu erschrecken, sondern auch, sich selbst göttlichen Beistand zu sichern.

Vorausschauendes Bewegungsverhalten

Ein entscheidender Aspekt, um im Patolli-Spiel Erfolg zu haben, liegt im Vorausschauenden Planen der eigenen Züge. Die Spielfigur soll nicht nur zufällig auf den nächstbesten freien Platz gesetzt werden. Vielmehr ist es entscheidend, mehrere Züge im Voraus zu kalkulieren und potenzielle Fangstellungen des Gegners zu antizipieren. Da das Spiel in Quadranten unterteilt ist, müssen diese strategisch durchdacht durchquert werden, um das Ende des Spielfeldes zu erreichen und gleichzeitig den gegnerischen Figuren auszuweichen oder sie zu schlagen.

Verwendung von Spiegelungen und Symmetrien

Eine faszinierende Methode, die einige geschickte Patolli-Spieler nutzen, beruht auf der Nutzung von Spiegelungen und Symmetrien im Spielbrett. Indem sie die Positionen ihrer eigenen Figuren und die ihrer Gegner spiegeln, können sie sich eine visuelle und strategische Hilfestellung verschaffen, die es ermöglicht, bessere Entscheidungen zu treffen und potenzielle Fehler des Gegners auszunutzen.

Kontrolle über die Mittelposition

Ein wichtiger Grundsatz der Patolli-Strategie ist die Kontrolle über die zentralen Positionen des Spielbretts. Diese zentralen Felder fungieren als Dreh- und Angelpunkt für die Bewegung der Spielsteine und bieten die Möglichkeit, eine dominierende Position aufzubauen. Indem der Spieler frühzeitig die Mittelfelder besetzt, stellt er sicher, dass er größere Bewegungsfreiheiten und Angriffsoptionen besitzt. Historische Aufzeichnungen deuten darauf hin, dass Spieler, die die Mittelposition effektiv nutzen, eine höhere Wahrscheinlichkeit auf den Spielgewinn hatten.

Psychologische Kriegsführung

Ein weiterer interessanter Aspekt von Patolli ist die Dimension der psychologischen Kriegsführung. Die Spieler nutzen nicht nur die physischen Grenzen des Spielbretts, sondern auch die mentale Beeinflussung ihres Gegners. Indem sie gewisse Bewegungen andeuten oder falsche Intentionen vortäuschen, gelingt es ihnen, den Gegner zu verunsichern und aus dem Konzept zu bringen. Dies erfordert eine hohe mentale Stärke und ein tiefes Verständnis der menschlichen Psyche – Fähigkeiten, die in der komplexen sozialen Struktur der aztekischen Kultur hoch geschätzt wurden.

Um das Patolli-Spiel zu meistern, bedarf es einer Mischung aus strategischem Denken, tiefgehendem Verständnis der Spielmechaniken und der Fähigkeit, den Gegner einzuschätzen und zu überlisten. Die Verwendung dieser ausgefeilten Strategien und Taktiken verdeutlicht, wie komplex und durchdacht das Glücksspiel der Azteken tatsächlich war. Es war nicht nur ein Zeitvertreib, sondern ein rituelles und intellektuelles Duell, das den Geist und die Beherrschung der Spieler herausforderte.

Tafl-Spiele: Eine nordische Familie von Brettspielen

Die Ursprünge der Tafl-Spiele: Archäologische Funde und historische Quellen

Die Ursprünge der Tafl-Spiele sind tief in der Geschichte der nordischen und germanischen Kulturen verwurzelt. Tafl, was in altnordischer Sprache "Tisch" bedeutet, beschreibt eine Familie von strategischen Brettspielen, die von den Wikingern und anderen germanischen Völkern gespielt wurden. Diese Spiele sind bemerkenswert für ihre asymmetrische Struktur, in der eine kleinere Gruppe von Verteidigern gegen eine größere Anzahl von Angreifern antritt. Die Erforschung der Ursprünge dieser Spiele offenbart viel über die kulturellen und sozialen Aspekte der damaligen Zeit.

Archäologische Funde spielen eine entscheidende Rolle bei der Erforschung der Tafl-Spiele. Eines der bedeutendsten

Fundstücke ist das sogenannte "Lewis Chessmen", eine Sammlung von Spielsteinen, die 1831 auf der Isle of Lewis in Schottland entdeckt wurden. Die Figuren sind aus Walrosszahn und Walrossbein geschnitzt und stammen wahrscheinlich aus dem 12. Jahrhundert. Während einige der Figuren Schachspielsteine darstellen, sind andere eindeutig Tafl-Spielsteine, was die Beliebtheit und Verbreitung der Tafl-Spiele in der nordischen Welt belegt.

Ein weiterer bemerkenswerter Fund ist ein hölzerner Spielstein, der in der norwegischen Stadt Bergen entdeckt wurde. Dieses Artefakt stammt aus dem 9. Jahrhundert und dient als weiterer Beleg dafür, dass Tafl-Spiele im frühen Mittelalter weit verbreitet waren. Auch in anderen Teilen Skandinaviens, wie in Dänemark und Schweden, wurden ähnliche Fundstücke ausgegraben.

Historische Quellen ergänzen die archäologischen Funde und bieten detaillierte Einblicke in die Spielweise und den kulturellen Kontext der Tafl-Spiele. Eine der ausführlichsten Beschreibungen findet sich in der "Heimskringla", einer Sagensammlung des isländischen Dichters Snorri Sturluson aus dem 13. Jahrhundert. In einer der Sagen wird ein Spiel namens "Hnefatafl" erwähnt, das von König Athelstan von England und dem norwegischen König Olaf gespielt wird. Diese Quellen zeigen, dass Tafl-Spiele nicht nur ein

Freizeitvergnügen waren, sondern auch ein Symbol für strategisches Denken und militärische Fähigkeiten.

Ein weiterer literarischer Hinweis auf die Tafl-Spiele findet sich in der "Orkneyinga Saga", einer isländischen Saga, die die Geschichte der Orkney-Inseln erzählt. In einer Passage wird beschrieben, wie ein Spieler nach einem verlorenen Spiel einen Streit beginnt, was zeigt, dass Tafl-Spiele durchaus zu intensiven emotionalen Reaktionen führen konnten. Solche Quellen betonen die kulturelle Bedeutung der Spiele in den nordischen Gesellschaften.

Die Tafl-Spiele wurden auch in anderen Teilen Europas bekannt. Die angelsächsische Chronik, eine Sammlung von annalistischen Aufzeichnungen, erwähnt das Spiel in Zusammenhang mit den Wikingereinfallen in England. Es wird beschrieben, wie die Wikinger in ihren Lagern Tafl spielten, während sie auf Beutezüge warteten.

Die Struktur und Spielweise der Tafl-Spiele selbst bietet Hinweise auf die Ursprünge und die Entwicklung dieser Spiele. Ein typisches Tafl-Spielbrett bestand aus einer ungeraden Anzahl von Quadraten, meist 11x11 oder 13x13. Der König und seine Verteidiger wurden in der Mitte des Bretts positioniert, während die Angreifer von den äußeren Rändern starteten. Diese asymmetrische Anordnung spiegelt möglicherweise die kriegerische Gesellschaft der Wikinger wider, in der ein Häuptling oder König von seinen Kriegern geschützt wurde.

Zusammenfassend lässt sich sagen, dass die Ursprünge der Tafl-Spiele in den archäologischen Funden und historischen Quellen nördlicher und westlicher Kulturen fest verankert sind. Die Entdeckungen von Spielsteinen und Beschreibungen in Sagen und historischen Chroniken zeigen, dass diese Spiele weit verbreitet waren und eine bedeutende Rolle im sozialen und kulturellen Leben der damaligen Zeit spielten. Tafl-Spiele sind nicht nur ein Zeugnis der Freizeitgestaltung der Wikinger- und germansichen Völker, sondern auch ein Spiegel ihrer strategischen und kriegerischen Fähigkeiten.

Regeln und Strategien des Hnefatafl: Das Wikingerschach im Detail

Das Spiel Hnefatafl, oft auch als "Wikingerschach" bezeichnet, ist ein faszinierendes Beispiel für die strategischen Brettspiele, die von den Wikingern und anderen germanischen Völkern gespielt wurden. Erstmals schriftlich erwähnt im Jahre 400 n. Chr., hat es sich als ein komplexes und spannendes Spiel herausgestellt, das weit verbreitet war und viele verschiedene Varianten kannte.

Hnefatafl wird auf einem quadratischen Spielbrett gespielt, das je nach Variante unterschiedlich groß sein kann. Die gängigsten Brettgrößen sind 11x11 oder 13x13 Felder. In der Mitte des Brettes befindet sich der "Thron", ein speziell markiertes Feld, auf dem der König startet. Das Ziel des Spiels unterscheidet sich je nach Spielerrolle: Der verteidigende Spieler muss den König sicher aus dem feindlichen Gebiet zu einem der Eckfelder des Brettes eskortieren, während der angreifende Spieler versucht, dies zu verhindern und den König zu umzingeln.

Die Figuren des Hnefatafl sind in zwei Gruppen unterteilt: die Verteidiger, die eine kleine Truppe um den König bilden, und die Angreifer, die zahlenmäßig überlegen sind und das restliche Brett besetzen. Typischerweise besteht die Verteidigung aus 12 Kämpfern und dem König, während die Angreifer aus 24 Kriegern bestehen. Diese Ungleichheit in den Truppenstärken verleiht Hnefatafl seine asymmetrische Dynamik und die vielfältigen strategischen Möglichkeiten.

Die grundlegenden Spielregeln

Die Spielregeln des Hnefatafl sind relativ einfach, aber sie bieten ein enormes Maß an strategischer Tiefe:

- **Bewegung:** Alle Figuren, inklusive des Königs, bewegen sich wie der Turm im Schach: beliebig viele Felder entlang der Reihen und Spalten des Brettes, jedoch nicht diagonal.

- **Gefangennahme:** Eine gegnerische Figur wird gefangen, indem sie von zwei eigenen Figuren auf gegenüberliegenden Seiten eingeschlossen wird – entweder vertikal oder horizontal.

- **Eckenfelder:** Die Eckfelder sind besondere Fluchtfelder für den König. Nur der König darf auf ein Eckfeld ziehen; alle anderen Figuren dürfen diese Felder nicht betreten.

- **Thronfeld:** Das zentrale Thronfeld ist nur für den König zugänglich. Andere Figuren können es nur betreten, wenn der Thron leer ist, und ein Angreifer kann das Thronfeld nicht besetzen.

- **Siegbedingungen:** Der verteidigende Spieler gewinnt, wenn er den König sicher zu einem der Eckfelder bringt. Der angreifende Spieler gewinnt, wenn es ihm gelingt, den König so zu umzingeln, dass dieser nicht mehr ausweichen kann – auch diagonale Umschließung ist erlaubt.

Die strategischen Nuancen von Hnefatafl sind beeindruckend und erfordern von beiden Spielern ein hohes Maß an Planung und Voraussicht. Einige Schlüsselaspekte der Strategie umfassen:

Positionierung und Bewegung: Beide Spieler müssen ihre Figuren so positionieren, dass sie sowohl die eigenen Pläne erfüllen als auch gegnerische Aktionen vereiteln können. Eine gute Kenntnis der Bewegungsmöglichkeiten und der potenziellen Züge des Gegners ist entscheidend.

Konzentration vs. Verteilung: Der Verteidiger kann sich entscheiden, seine Kräfte zu konzentrieren, um einen sicheren Fluchtweg für den König zu öffnen, oder sie zu verteilen, um die Angreifer zu verwirren und deren Angriffe zu zerstreuen.

Kombinationen und Fallen: Wie im Schach kann auch im Hnefatafl das Stellen von Fallen und das Erzwingen von ungünstigen Zügen des Gegners ein Schlüssel zum Erfolg sein. Beide Spieler sollten stets auf Möglichkeiten achten, wie sie mehrere Figuren des Gegners gleichzeitig bedrohen können.

Psychologische Kriegsführung: Ein Teil der Strategie kann auch darin bestehen, den Gegner zu täuschen und in die Irre zu führen. Andeutungen falscher Züge oder das Erzwingen von Reaktionen durch scheinbar riskante Manöver können entscheidend sein.

Angesichts der asymmetrischen Natur von Hnefatafl spielt Erfahrung eine große Rolle in der Meisterschaft des Spiels. Verteidiger und Angreifer bieten völlig unterschiedliche Herausforderungen und erfordern individuelle Strategien. Historische Berichte und archäologische Funde belegen, dass Hnefatafl nicht nur ein beliebtes Zeitvertreib der Wikinger war, sondern auch als Training für taktische Denkmuster in realen Schlachten diente.

Hnefatafl verkörpert die Essenz antiker Brettspiele: einfach in den Grundzügen, tiefgründig in der Strategie und faszinierend in ihrer Geschichte. Es bleibt ein eindrucksvoller Beweis für die intellektuelle und kulturelle Tiefe der Wikinger und ihrer Zeit.

Verbreitung und Varianten: Tafl-Spiele in verschiedenen Regionen und Epochen

Tafl-Spiele, eine faszinierende Familie von Brettspielen aus der nordischen Kultur, haben über die Jahrhunderte hinweg eine bemerkenswerte Verbreitung erlebt. Ihre

Ursprünge lassen sich bis in die frühen Wikingerzeiten zurückverfolgen, und von dort aus verbreiteten sie sich durch Handel, Eroberungen und kulturellen Austausch über ganz Europa. Diese Spiele entwickelten zahlreiche lokale Varianten, die jeweils besondere Eigenheiten aufwiesen, aber dennoch die Grundstruktur der Tafl-Familie beibehielten.

Einer der bekanntesten Vertreter der Tafl-Spiele ist das „Hnefatafl", ein strategisches Spiel, das in verschiedenen Regionen Nordeuropas gespielt wurde. Archäologische Funde und historische Chroniken belegen, dass Hnefatafl in Ländern wie Norwegen, Schweden, Island, Schottland und Wales populär war. Nahezu jedes dieser Länder hat seine eigene Version des Spiels entwickelt, wobei die Unterschiede oft in der Größe des Spielbretts und der Anzahl der Figuren lagen.

In Norwegen und Schweden fand man Hnefatafl-Felder, die aus 11x11 quadratischen Feldern bestanden. Dieses Layout ermöglichte eine ausgewogene Mischung aus offensiven und defensiven Strategien. Die Schweden hatten zudem eine besondere Variante des Spiels namens „Tablut", die von dem schwedischen Naturalisten Carl von Linné im Jahr 1732 dokumentiert wurde. Tablut unterscheidet sich hauptsächlich durch seine 9x9 Felder und der speziellen Rolle des Königs, der von einem Eckfeld entkommen musste.

Im Vergleich dazu hatten die Iren und Waliser ihre eigenen Spielversionen, die häufig auf 7x7 Feldern ausgetragen wurden. Bekannt als „Brandubh", bewahrte diese Variante das zentrale Ziel des Schutzes des Königs, allerdings in einem kompakteren Spielfeld. Die kompakteren Spielfeldabmessungen führten oft zu schnelleren und intensivierten Spielabläufen.

Die Britischen Inseln, insbesondere Schottland und Wales, boten eine reiche Grundlage für die Verbreitung und Variation der Tafl-Spiele. In Schottland fand man das „Ard Ri", eine Tafl-Version, die auf einem 7x7-Feld gespielt wurde, ähnlich dem irischen Brandubh. Hingegen sorgte in Wales die Zunahme nordischer Siedlungen dafür, dass das Spiel bekannt und integriert wurde, was zur Entstehung eigenständiger Versionen führte.

Auch die keltischen Einflüsse in diesen Regionen dürften zur kontinuierlichen Anpassung und dem Fortbestand der Spiele beigetragen haben. Zudem haben die Färöer Inseln ihre eigenen Spuren hinterlassen. Die „Fidchell" oder „Gwyddbwyll", wie sie in der keltischen Welt genannt wurden, zeigen weitere Adaptationen des Grundprinzips der Tafl-Spiele.

Die Wikinger spielten eine maßgebliche Rolle in der Verbreitung von Tafl-Spielen. Ihre Eroberungs- und Handelsreisen brachten sie bis nach Osteuropa, insbesondere in das Gebiet des heutigen Russland. Hier verschmolzen die Nordischen Traditionen mit den einheimischen Spielkulturen und führten zur Schaffung neuer, hybrider Varianten.

Zusätzlich zur geografischen Adaptation gab es auch zeitliche Entwicklungen. Mit dem Einzug des Mittelalters und den sich ändernden gesellschaftlichen Strukturen, kam es in einigen Regionen zu einer Vermischung von Tafl-Elementen mit anderen populären Spielen. Dies führte dazu, dass im Laufe der Zeit die reinen Formen der Tafl-Spiele manchmal verschwand, und durch verschiedene hybride Brettspielvarianten ersetzt wurden.

Im anglo-skandinavischen Raum war bis ins hohe Mittelalter hinein das „Alea Evangelii" ein prominentes Tafelspiel. Dieses Spiel, das auf einem riesigen 18x18-Feld gespielt wurde, hat aufgrund seiner Komplexität und der Vielzahl von Figuren besondere Beachtung verdient. Die zahlreichen

Regeln und strategischen Möglichkeiten machten es zu einem Favoriten unter den geistlichen und adeligen Schichten, die ihre taktischen Fähigkeiten unter Beweis stellen wollten.

Eine anderer bemerkenswerter Aspekt der Verbeitung der Tafl-Spiele war ihre Anpassungsfähigkeit. Während das Grundprinzip des Spiels - das Erreichen einer Ecke oder eines speziellen Feldes durch den König und das gleichzeitige Abwehren der Angreifer - bestehen blieb, passten die unterschiedlichen Kulturen das Spiel an ihre eigenen ästhetischen und taktischen Vorlieben an. Diese Fähigkeit zur feinen Anpassung, zur Vereinfachung oder zur Erhöhung der Komplexität war maßgeblich für die nachhaltige Beliebtheit der Tafl-Spiele verantwortlich.

Im Rückblick auf die verschiedenen Varianten und Verbreitungswege der Tafl-Spiele wird deutlich, dass sie nicht nur reine Zeitvertreibe waren, sondern auch bedeutende kulturelle Artefakte von strategischem Wert. Ihre Regeln und Spielzüge spiegeln nicht nur die taktischen Überlegungen der Spieler wider, sondern auch ein Stück Geschichte und Denken jener Epochen. Ob in den Markthallen von Uppsala, an den Lagerfeuern der Wikinger oder in den Kammern der britischen Burgen – Tafl-Spiele halfen dabei, die Zeit zu vertreiben, Gedanken zu schärfen und kulturelle Brücken zu schlagen.

Zusammengefasst lässt sich daher sagen, dass die Verbreitung und Varianten der Tafl-Spiele eine beeindruckende Reise durch Raum und Zeit dokumentieren. Sie sind Zeugen der kulturellen Verbindungen und Transformationen, die von den alten nordischen Hafenstädten bis hin zu den aufstrebenden Metropolen Europas reichten. Ihre Wiederentdeckung und das erneute Interesse an diesen Spielen zeigen, dass die Faszination für Strategie und Spielkultur ungebrochen bleibt.

Mann, Dame und Mühle: Drei Klassiker des Mittelalters

Ursprung und kulturelle Bedeutung von Mühle im Mittelalter

Die Ursprünge des Mühlespiels, auch bekannt als Mühle oder Neun-Menschen-Morris, reichen bis in die Antike zurück. Das Spiel, wie wir es heute kennen, erlebte jedoch seine Blütezeit im Mittelalter und entwickelte sich zu einem der beliebtesten Brettspiele jener Zeit. Mühle ist nicht nur ein Zeugnis des strategischen Denkens, sondern auch ein kulturelles Artefakt, das uns tiefere Einblicke in die Gesellschaft und den Alltag des Mittelalters gewährt.

Die Basis für Mühle wurde vermutlich bereits vor über 3000 Jahren in Ägypten gelegt. Archäologische Funde, wie das berühmte Grab des Pharaos Tutanchamun, enthalten frühe Formen des Spiels. Die Übertragung und Weiterentwicklung des Mühlespiels in die europäische Kultur erfolgte jedoch hauptsächlich durch die griechische und später römische Zivilisation. Während des Mittelalters fand Mühle schließlich breite Akzeptanz und Verbreitung in ganz Europa.

Im Mittelalter bot sich Mühle als eine willkommene Ablenkung und eine Möglichkeit zur Unterhaltung in einer Gesellschaft, die von strengen sozialen Hierarchien und religiösen Normen geprägt war. Das Spiel war sowohl bei Adligen als auch bei der bäuerlichen Bevölkerung beliebt. Dies hing unter anderem mit der simplen Ausstattung zusammen: Ein Mühlebrett ließ sich leicht in den Boden ritzen oder in Holz schnitzen, und die Spielsteine konnten aus einfachen Materialien wie Steinen, Knochen oder Holz hergestellt werden.

Die kulturelle Bedeutung von Mühle im Mittelalter erstreckte sich über alle Gesellschaftsschichten. Adelige spielten es zur Freizeitgestaltung, während es in ländlichen Gebieten als gemeinschaftlicher Zeitvertreib diente. Der kulturelle Einfluss zeigte sich auch in Klöstern, wo das Spiel als eine akzeptable Form der Zerstreuung angesehen wurde. Es war sogar so weit verbreitet, dass Wandbemalungen und Schnitzereien von mittelalterlichen Kirchen und Kathedralen Abbildungen von Mühlebrettern zeigen, was auf die weite Popularität und Akzeptanz des Spiels hinweist.

Mühle wurde jedoch nicht nur als Freizeitbeschäftigung wahrgenommen. In einer Zeit, in der Schriftlichkeit begrenzt und das Erzählen von Geschichten eine wichtige soziale Funktion hatte, diente Mühle auch als Mittel zur Vermittlung von Geschichten und Werten. Das Spiel öffnete Räume für sozialen Austausch und gemeinsame Erfahrung. Zudem spiegelte es das strategische Denken und die Bedeutung von Planung und Voraussicht wider, Werte, die auch in anderen Lebensbereichen von Bedeutung waren.

Interessanterweise wurden Mühle und ähnliche Spiele oft auf Reisen genutzt. Ritter und Pilger, die lange und oft gefährliche Reisen unternahmen, trugen tragbare Spielbretter mit sich, um sich während der Reise die Zeit zu vertreiben und ihre strategischen Fähigkeiten zu schärfen. Das Spiel konnte leicht in einem Leder- oder Stoffbeutel mitgeführt und bei Bedarf ausgepackt werden.

Zusammenfassend lässt sich sagen, dass Mühle im Mittelalter mehr als nur ein Spiel war. Es war ein kulturelles Phänomen, das die Gesellschaft prägte und die sozialen und intellektuellen Landschaften jener Zeit durchdrang. Seine einfache Umsetzung, universelle Anwendbarkeit und tiefgründigen strategischen Elemente machten Mühle zu einem der beständigsten und bedeutendsten Brettspiele des

Mittelalters. Wenn wir heute Mühle spielen, nehmen wir nicht nur an einem Spiel teil, sondern erleben ein Stück lebendige Geschichte und kulturelles Erbe, das über Jahrhunderte weitergegeben wurde.

Spielregeln und Variationen von Mühle

Mühle, auch bekannt als Neun-Männermorris, ist eines der ältesten und bekanntesten Brettspiele, dessen Wurzeln bis ins antike Ägypten zurückreichen. Die Popularität des Spiels stieg jedoch im Mittelalter in Europa sprunghaft an, wo es nicht nur ein beliebter Zeitvertreib war, sondern auch tiefe kulturelle Bedeutung hatte. Der Reiz von Mühle liegt in seiner Einfachheit der Regeln kombiniert mit der Komplexität der strategischen Möglichkeiten, die es Spielern bietet.

Grundregeln des Spiels:

Das Spielbrett von Mühle besteht aus drei ineinanderliegenden Quadraten, die durch Linien miteinander verbunden sind. An den Schnittpunkten und enden der Linien befinden sich die insgesamt 24 Spielfelder. Jeder Spieler verfügt über neun Steine, die abwechselnd auf die Schnittpunkte gesetzt werden. Ziel des Spiels ist es, drei Steine in einer Reihe zu platzieren - horizontal oder vertikal - und somit eine "Mühle" zu bilden. Gelingt dies, darf der Spieler einen gegnerischen Stein vom Brett entfernen, wobei ein Stein, der Teil einer gegnerischen Mühle ist, nur entfernt werden darf, wenn keine anderen Steine verfügbar sind.

Phasen des Spiels:

Das Spiel besteht aus drei Phasen:

Setzphase: Die erste Phase besteht aus dem Setzen der Steine auf das leere Brett. Spieler setzen abwechselnd ihre neun Steine, und das primäre Ziel ist es, dabei strategisch Mühlen zu bilden oder zu verhindern.

Zugphase: Sobald alle Steine gesetzt sind, bewegen die Spieler abwechselnd ihre Steine entlang der Linien zu benachbarten freien Feldern. Auch in dieser Phase bleibt das Ziel bestehen, Mühlen zu bilden und gegnerische Steine zu entfernen.

Springphase: Kommt ein Spieler auf drei Steine, darf er diese Steine auf beliebige freie Felder springen lassen, was seine Mobilität und strategischen Möglichkeiten deutlich erhöht.

Unterschiedliche Variationen von Mühle:

Im Laufe der Jahrhunderte haben sich verschiedene Variationen des Spiels entwickelt, die die Grundprinzipien von Mühle übernehmen, jedoch unterschiedliche Komplexitätsgrade und Strategien bieten.

Dreizehn-Männermühle: Eine Variation, die ein noch größeres Spielfeld und mehr Steine verwendet, was das Spiel länger und strategisch anspruchvoller macht.

Dreier-Mühle: Eine kleinere Version des Spiels, oft verwendet, um Anfängern die Grundzüge näherzubringen. Hier gibt es nur drei Steine pro Spieler und das Spielfeld ist auf nur drei Linien reduziert.

Sechs-Mühle: Diese Version verwendet weniger Steine und ein vereinfachtes Spielfeld, um ein schnelleres Spiel zu ermöglichen.

Die vielen verschiedenen Variationen von Mühle, die im Laufe der Geschichte gespielt wurden, zeigen die Anpassungsfähigkeit und den anhaltenden Reiz dieses klassischen Spiels. Egal ob auf dem mittelalterlichen Marktplatz oder im modernen Wohnzimmer - Mühle bleibt ein unverzichtbarer Bestandteil der Brettspielkultur.

Strategische Überlegungen:

Ein wesentliches Element des Erfolgs in Mühle ist die strategische Planung. Einige bewährte Strategien umfassen:

Kontrollpunkte sichern: Versuche, die Mitte des Spielfeldes sowie die Ecken zu kontrollieren, da diese Punkte mehr Mobilität und Handlungsmöglichkeiten bieten.

Mühlen blockieren: Achte darauf, gegnerische Mühlen zu blockieren und zu verhindern, während du gleichzeitig deine eigenen Sets vervollständigst.

Zweizügige Kombinationen: Plane so, dass du durch geschicktes Setzen und Ziehen zwei Mühlen gleichzeitig eröffnest, was es dem Gegner schwer macht, beide zu blockieren.

In der Summe ist Mühle ein brillantes Beispiel dafür, wie ein einfaches Regelwerk ein tiefgehendes und strategisch anspruchsvolles Spiel ermöglichen kann. Es bietet nahezu unendliche taktische Möglichkeiten, die jeden, ob Jung oder Alt, immer wieder aufs Neue herausfordern und begeistern.

Historische Verbreitung und Einfluss auf moderne Spiele

Im mittelalterlichen Europa spielten Brettspiele eine besondere Rolle in der Gesellschaft. Sie waren nicht nur eine beliebte Freizeitbeschäftigung, sondern auch ein Indikator für die kulturelle und soziale Vernetzung der verschiedenen Regionen Europas. Eine der bedeutendsten und weit verbreitetsten Gruppen solcher Spiele war die Familie von Brettspielen, die heute unter den Namen "Mann", "Dame" und "Mühle" bekannt sind. In diesem Abschnitt werfen wir einen Blick auf die historische Verbreitung dieser Spiele und ihren Einfluss auf die modernen Brettspiele.

Die Reise durch Europa

Die erste dokumentierte Erwähnung von Mühle stammt aus dem frühen Mittelalter, wobei die genauen Ursprünge des Spiels auf das Römische Reich zurückgehen können. In der Literatur des 12. und 13. Jahrhunderts taucht das Spiel unter verschiedenen Namen auf, zum Beispiel "Merels" in England und "Mühlespiel" im deutschsprachigen Raum. Dieses Spiel erlangte bald eine immense Popularität und wurde von Menschen aller gesellschaftlichen Schichten gespielt, vom einfachen Bauern bis zur aristokratischen Elite.

Das Drama "Gawain and the Green Knight", etwa um 1400 geschrieben, enthält Hinweise auf Mühle als ein vertrautes Spiel in der literarischen Kultur des Mittelalters. Es wird auch in mittelalterlichen Kunstwerken und Manuskripten beschrieben, sodass das Spiel als integraler Bestandteil der mittelalterlichen Unterhaltung betrachtet werden kann.

Adaptationen und Variationen

Während sich Mühle in ganz Europa verbreitete, entstanden zahlreiche regionale Variationen. Diese Variationen beeinflussten und wurden von anderen Kulturen beeinflusst. Zum Beispiel führte die Nordic-Version "Niendor" zu einigen einzigartigen Regeln und Brettdesigns. Die schottische Version "Fidchell" zeigt die wechselseitige Beeinflussung zwischen den britischen Inseln und dem europäischen Festland.

"Dame" erlebte ebenfalls verschiedene Anpassungen. Ursprünglich aus dem arabischen Raum kommend, entwickelten sich im Mittelalter viele verschiedene Versionen mit unterschiedlichen Spielbrettern und Regeln. Der französische Adel trug maßgeblich dazu bei, "Dame" zu popularisieren, und es wurde oft an den Höfen und in den Salons gespielt.

Einfluss auf moderne Strategiespiele

Die mittelalterlichen Brettspiele "Mann", "Dame" und "Mühle" haben nicht nur zur Bereicherung der europäischen Kultur beigetragen, sondern auch einen nachhaltigen Einfluss auf die modernen Brettspiele hinterlassen. Viele heutige Brettspiele weisen erkennbare Merkmale und Strategien dieser Klassiker auf.

Das strategische Denken, das für "Mühle" erforderlich ist, spiegelt sich in modernen Spielen wie "Tic-Tac-Toe" und "Connect Four" wider. Diese Spiele basieren auf ähnlichen Prinzipien des Blockierens und des Formens von Reihen. "Dame", bekannt in seiner englischen Form als "Checkers", hat seine Grundregeln weitgehend beibehalten, hat aber zeitgemäße Adaptionen wie "Chinaman", das auf einem 10x10-Brett gespielt wird, angenommen.

Die Prinzipien von "Mann", das oft auch als "Morris" bezeichnet wird, finden sich in vielen modernen abstrakten Strategiespielen. Diese Spiele, wie "Quarto" oder "Pylos", erfordern ebenfalls logisches Denken und Planung, um das Ziel zu erreichen.

Es ist auch erwähnenswert, dass die Regelwerke und Strategien dieser Spiele in historischen Manuskripten und Aufzeichnungen erhalten geblieben sind, was uns einen tiefen Einblick in das mittelalterliche Denken und die gesellschaftlichen Strukturen gibt. Das Studium dieser Spiele ermöglicht es uns, die kulturellen Verbindungen zwischen verschiedenen Epochen und Regionen Europas zu verstehen und zu schätzen.

Fazit

Die historischen Brettspiele "Mann", "Dame" und "Mühle" waren mehr als nur Unterhaltungsformen; sie waren ein Spiegelbild ihrer Zeit. Ihre Reise durch Europa und ihre Adaptionen in verschiedenen Kulturen zeigen, wie Ideen und Traditionen geteilt und weiterentwickelt wurden. Diese Spiele sind die Vorfahren vieler moderner Strategiespiele und tragen zu unserem heutigen Verständnis der mittelalterlichen Kultur und Denkweise bei. Ihre anhaltende Beliebtheit ist ein Beweis für ihre zeitlose Anziehungskraft und ihren tiefgehenden Einfluss auf die Welt der Brettspiele.

Backgammon: Das Spiel mit 5000-jähriger Geschichte

Ursprung und historische Entwicklung des Backgammon

Die Geschichte des Backgammon ist ein faszinierendes Puzzle aus archäologischen Entdeckungen, schriftlichen Überlieferungen und kulturellen Entwicklungen, die über mehrere Jahrtausende und Kontinente hinweg reichen. Die Ursprünge des Spiels lassen sich bis in die Vorgeschichte zurückverfolgen, wobei das genaue Entstehungsdatum nach wie vor Gegenstand wissenschaftlicher Debatten ist. Was jedoch unbestreitbar bleibt, ist die Tatsache, dass Backgammon eines der ältesten Gesellschaftsspiele der Welt ist, dessen Prinzipien auf bewährten mechanischen und strategischen Überlegungen basieren.

Die frühesten Hinweise auf ein Spiel, das Ähnlichkeiten mit Backgammon aufweist, stammen aus der Region des antiken Mesopotamiens. Archäologen entdeckten in den 1920er

Jahren im heutigen Irak ein Spiel, das als das "Königliche Spiel von Ur" bekannt wurde. Dieses Spiel, datiert auf etwa 2600 v. Chr., wies ein Spielfeld mit 20 Feldern auf und wurde wahrscheinlich mit Würfeln gespielt. Obwohl das Spiel selbst nicht als direkter Vorläufer von Backgammon angesehen wird, zeigt es dennoch die lange Tradition von Würfel- und Rennspielen in dieser Region.

Ein weiterer bedeutender Meilenstein in der Geschichte von Backgammon ist das römische Spiel "Ludus duodecim scriptorum", was übersetzt "Spiel der zwölf Linien" bedeutet. Dieses Spiel, das seine Blütezeit im ersten Jahrhundert n. Chr. hatte, wurde auf einem Brett gespielt, das in drei Reihen zu je zwölf Punkten unterteilt war, ähnlich der heutigen Struktur von Backgammon. Historiker vermuten, dass die Römer dieses Spiel von den Griechen übernommen und modifiziert haben, was die kulturelle Diffusion und Anpassung von Brettspielen in der Antike verdeutlicht. Der Fokus lag hierbei weniger auf strategischen Überlegungen und mehr auf Glückselementen, die durch den Einsatz von Würfeln und Spielsteinen beeinflusst wurden.

Im Perserreich, insbesondere zur Zeit der Sassaniden-Dynastie (224-651 n. Chr.), entwickelte sich das Spiel weiter und erhielt den Namen "Nard". Die persische Literatur und die reichhaltigen künstlerischen Darstellungen aus dieser

Epoche zeugen von der Beliebtheit und kulturellen Bedeutung des Spiels. Ein berühmtes Werk, das "Shahnameh" des Dichters Ferdowsi, beschreibt das Spiel und seine Legenden. Die Überlieferung besagt, dass Nard ein Geschenk der Götter war, ein Spiel, das Weisheit und Schicksal symbolisierte. Es wird angenommen, dass die Regeln von Nard dem heutigen Backgammon sehr ähnlich sind, und die persische Version des Spiels trug maßgeblich zur Verbreitung und Weiterentwicklung von Backgammon in der islami-schen und europäischen Welt bei.

Der Name "Backgammon" selbst tauchte erstmals im 17. Jahrhundert in England auf und erfuhr von da an mehrere Regeländerungen und Modernisierungen. Historiker gehen davon aus, dass der Name aus dem Altenglischen stammt: "baec" (hinten) und "gamen" (Spiel) könnten darauf hinweisen, dass man zurückkehren muss, um das Spiel zu gewinnen. Englische Versionen des Spiels im 16. und 17. Jahrhundert, wie "Tables" (eine Bezeichnung, die heute noch im Französischen verwendet wird: "Tables Reales"), hatten ähnliche mechanische Prinzipien, aber die endgültige Kodifizierung der Regeln, die wir heute kennen, wurde erst im 18. Jahrhundert abgeschlossen.

Die historische Entwicklung von Backgammon ist somit eine Geschichte der Anpassung und Veränderung; ein Spiegelbild der Kulturen, die das Spiel übernahmen und an ihre eigenen Traditionen und Vorlieben anpassten. Die Kombination von Strategie und Glück, die Mechanik von Würfeln und Spielsteinen, all das sind Elemente, die ihren Ursprung tief in der antiken Welt haben, über die Jahrhunderte hinweg verfeinert wurden und im modernen Backgammon zu einer einzigartigen und tiefgründigen Spielerfahrung verschmolzen sind.

Zusammenfassend lässt sich sagen, dass Backgammon trotz seiner simplen Spielmechanik eine reiche und komplexe Geschichte hat, die bis in die Tiefen der menschlichen Zivilisation reicht. Von Mesopotamien, über das antike Rom und Persien, bis hin zur Moderne hat es Generationen von Spielern herausgefordert, erheitert und inspiriert. Es verkörpert nicht nur den menschlichen Drang nach Spiel und Wettbewerb, sondern auch die Fähigkeit, durch diese einfachen Mittel tiefergehende Erkenntnisse über Schicksal, Strategie und kulturelle Interaktion zu gewinnen.

Die Evolution der Spielregeln durch die Jahrhunderte

Die Geschichte von Backgammon, einem der ältesten bekannten Brettspiele der Menschheit, erstreckt sich über rund 5000 Jahre. Dieses bedeutsame Spiel hat sich nicht nur über die Jahrhunderte hinweg drastisch entwickelt, sondern auch seine Regeln wurden mehrfach angepasst und verändert. Dabei blieb jedoch der Kern des Spiels – Strategie kombiniert mit Glück – unverändert bestehen.

Die ersten Hinweise auf ein Vorläufer-Spiel von Backgammon stammen aus der Sumerischen Zivilisation, etwa 3000 v. Chr. Die Regeln dieser antiken Spiele, ähnlich wie das „Königliche Spiel von Ur", unterschieden sich signifikant von jenen des modernen Backgammon. Während die Grundprinzipien des Spiels – der Würfelwurf und das Ziehen der Steine – konstant geblieben sind, wurden sie im Laufe der Geschichte zunehmend verfeinert und formalisierter. In den mesopotamischen Regeln wurde der Würfelwurf als Schicksal betrachtet, und die Anzahl der Felder und die Spielstrategie waren klar definiert.

Im ersten Jahrtausend n. Chr. erlebte das Spiel eine breite Verbreitung in der persischen Kultur, wo es als „Nard" bekannt war. Das Zweier-Rennen zwischen den Spielern, das Übertreffen der eigenen Spielsteine und das Herausschlagen gegnerischer Steine wurden als Schlüsselelemente etabliert. Die Perser fügten zudem einen taktischen Aspekt hinzu, indem sie den Spielern erlaubten, ihre Steine zu „sichern" und so davor zu schützen, geschlagen zu werden. Diese Regeln verschoben die Spielbalance mehr in Richtung Strategie und weniger auf reines Würfelglück.

Während der islamischen Expansion fand das Spiel seinen Weg nach Europa. Im 11. Jahrhundert wurde das Spiel in England als „Tables" bekannt und durchlief eine weitere Evolution. Zu dieser Zeit bestanden die Spielfelder aus einem schachbrettartigen Muster, und viele der modernen Spielregeln nahmen Gestalt an. Ein besonderes Merkmal des mittelalterlichen Spiels war die Betonung auf das Blockieren der gegnerischen Steine und der sogenannte „Hinterhalt", der das Spiel auf ein neues strategisches Niveau hob.

Im 17. und 18. Jahrhundert erlebte Backgammon eine weitere erhebliche Entwicklung in Frankreich und England. Die Franzosen führten beispielsweise das „Jacquet" ein, ein Spiel ähnlich dem modernen Backgammon, jedoch mit der

Besonderheit, dass alle Steine zu Beginn auf einem einzigen Feld starteten und in die entgegengesetzte Richtung bewegt werden mussten. In England im 18. Jahrhundert wurde das Spiel schließlich unter dem Name „Backgammon" bekannt. Es war zu dieser Zeit, dass sich die modernen Spielregeln, so wie wir sie heute kennen, festigten. Die Einführung des Verdoppelungswürfels im 20. Jahrhundert fügte dem Spiel eine neue taktische Dimension hinzu, indem es den Spielern ermöglichte, das Risiko zu erhöhen und das Spiel dynamischer zu gestalten.

In der modernen Zeit hat sich Backgammon zu einem weltweit beliebten Spiel entwickelt, das in zahlreichen internationalen Turnieren und Meisterschaften gespielt wird. Die Regeln, wie sie heute existieren, sind das Resultat eines langwierigen historischen Prozesses der Evolution und Anpassung. Dennoch bleibt der essentielle Kern von Glück und Strategie unberührt, was Backgammon zu einem zeitlosen Klassiker macht. Die modernen Regelwerke, wie zum Beispiel die Regeln der World Backgammon Federation, umfassen detaillierte Bestimmungen zur Spielweise, zu rechtlichen Zügen und zu Turnierregeln, die sicherstellen, dass das Spiel fair und kompetitiv bleibt.

Im Verlauf der Jahrhunderte hat Backgammon – durch wechselnde Kulturen und Zeiten hindurch – eine faszinierende Entwicklung der Spielregeln durchlaufen. Von den sumerischen Zivilisationen über die Perser, Europäer bis hin zu den modernen internationalen Varianten spiegelt es nicht nur die Kulturgeschichte wider, sondern auch die ständige Anpassung und Weiterentwicklung menschlichen Denkens und Spielens. Mit all diesen Überlieferungen, Veränderungen und Innovationen bleibt Backgammon ein lebendiges Zeugnis der Spielgeschichte und ein lebendiges Denkmal menschlicher Kreativität und Faszination für Spiele.

Kulturelle Bedeutung und Verbreitung des Spiels in verschiedene Regionen

Backgammon ist ein Spiel, dessen Ursprünge tief in die Nacht der Zeiten zurückreichen und dessen kulturelle Bedeutung und Verbreitung in verschiedene Regionen eine faszinierende Geschichte der menschlichen Zivilisation erzählt. Kaum ein anderes Spiel hat eine so lange und ereignisreiche Reise durch die Geschichte erlebt, wie Backgammon.

Das Spiel, ursprünglich als "Nard" bekannt, wurde bereits vor über 5000 Jahren gespielt. Archäologische Funde in der Region des antiken Mesopotamiens, insbesondere im heutigen Iran, belegen dies eindrucksvoll. Ein bemerkenswertes Relikt ist das sogenannte "Kish-Tafel", ein Backgammon-ähnliches Spielbrett aus der Zeit um 3000 v. Chr. (Finkel, 2007). Diese frühe Form des Spiels zeigt, wie Spiele zur Unterhaltung und sozialen Interaktion bereits in der Frühzeit eine bedeutende Rolle spielten.

Von Mesopotamien aus verbreitete sich das Spiel nach Osten und Westen. Im Osten finden wir seine Spuren in Persien, wo es als "Nard" bekannt war. Die Bezeichnung "Nard" geht auf das persische Wort „Nard" für „Holz" zurück, vermutlich eine Anspielung auf das Material, aus dem die Spielbretter ursprünglich gefertigt waren. In der persischen Kultur symbolisierte "Nard" nicht nur ein Freizeitspiel, sondern auch eine Metapher für das menschliche Schicksal und den Kampf gegen das Unvermeidliche.

Weiter westlich gelangte das Spiel ins antike Rom. Die Römer nannten es "Ludus duodecim scriptorum" (Spiel der zwölf Zeichen), das offenbar eine Variante mit zwölf Feldern pro Seite statt den heute üblichen 24 war. In der römischen Gesellschaft war das Spiel äußerst beliebt, sowohl unter Soldaten als auch in den oberen Schichten der Gesellschaft. Der Historiker Sueton berichtet von Kaiser

Augustus, der sich nicht scheute, seine Leidenschaft für das Spiel öffentlich zu zeigen. Sueton beschreibt: „Er spielte das Spiel der zwölf Tafeln, einer Art Nard, oft leidenschaftlich."

In den Jahrhunderten nach dem Fall des Römischen Reiches verbreitete sich Backgammon in Europa weiter und nahm verschiedene regionale Varianten an. Besonders im Mittelalter erlebte das Spiel eine Renaissance in den europäischen Königshöfen. In England beispielsweise entwickelte sich das Spiel unter dem Namen „Tables" fort und wurde zu einem festen Bestandteil des gesellschaftlichen Lebens der Aristokratie und des Adels.

Im Nahen Osten und in der arabischen Welt blieb das Spiel ebenfalls populär. Die Araber übernahmen das Spiel und nannten es "Tawula". Besonders im osmanischen Reich war Tawula ein weitverbreitetes Spiel. Die osmanischen Soldaten und Beamten verbreiteten es in den eroberten Regionen ihrer weitläufigen Gebiete, bis es schließlich auf den Balkan und nach Nordafrika gelangte.

Der kulturelle Einfluss des Spiels auf die verschiedenen Regionen ist nicht allein in der Spielpraxis zu sehen, sondern auch in der Kunst und Literatur der jeweiligen Kulturen. In persischen Miniaturen, römischen Mosaiken und mittelalterlichen Manuskripten findet man oft Abbildungen von Menschen, die Backgammon spielen. Dies unterstreicht, wie tief das Spiel in den kulturellen Kanon der verschiedenen Gesellschaften integriert war.

Einen bedeutenden Sprung in der Verbreitung und Weiterentwicklung des Spiels erleben wir im 20. Jahrhundert, als Backgammon in den Vereinigten Staaten von Amerika populär wurde. Insbesondere in den 1960er und 1970er Jahren erlebte das Spiel einen wahren Boom. Es wurde ein Symbol für die gehobene Schicht und war in den exklusiven Clubs von Hollywood und New York allgegenwärtig. Prominente wie Hugh Hefner trugen zur Popularität bei, indem sie in ihren sozialen Kreisen und auf öffentlichen Veranstaltungen Backgammon-Turniere abhielten.

Zusammenfassend lässt sich sagen, dass die kulturelle Bedeutung und Verbreitung von Backgammon ein beeindruckendes Zeugnis für die menschliche Kreativität und den interkulturellen Austausch ist. Von der Antike bis zur Moderne hat dieses Spiel Generationen von Spielern in verschiedenen Kulturen begeistert und bleibt bis heute ein lebendiger Teil unserer Spieltraditionen. Dermatieren lässt sich auch: Während sich die Spielregeln und Variationen regional angepasst haben, bleibt der Kern von Backgammon als Strategie- und Gesellschaftsspiel erhalten und verbindet uns mit einer alten Tradition, die Tausende von Jahren zurückreicht.

Zitate:

Finkel, I. L. (2007). *The Book of Board Games: Including Selected Board Games, Dice Games, and Card Games.* London: British Museum Press.

Mancala: Die Samen der Strategie aus Afrika

Ursprung und Verbreitung des Mancala-Spiels in Afrika

Das Mancala-Spiel, das oft als Sammelbegriff für eine Vielzahl ähnlicher Spiele verwendet wird, zeichnet sich durch seine tief verwurzelte Geschichte und seine weitreichende Verbreitung auf dem afrikanischen Kontinent aus. Die Ursprünge dieses faszinierenden Spiels lassen sich bis in die antike Zivilisation Afrikas zurückverfolgen, wobei archäologische Beweise und historische Dokumente uns wertvolle Einblicke in die frühe Entwicklung und die kulturelle Bedeutung des Mancala-Spiels geben.

Die ältesten archäologischen Beweise für Mancala-ähnliche Spiele stammen aus der Zeit um 1400 v. Chr., mit Funden in Geiergrabstätten in Eritrea und im Sudan. Diese Grabstätten enthielten Spielbretter, die aus in den Fels gemeißelten Mulden bestanden und ähnliche Merkmale wie die heutigen Mancala-Bretter aufwiesen. Auch in der Talwarte von Igbo-

Ukwu in Nigeria wurden Mancala-Bretter entdeckt, die aus der kaiserlichen Zeit des Igbo-Reichs datieren, um das 9. Jahrhundert n. Chr. Dies deutet darauf hin, dass das Spiel schon in frühester Zeit weit über verschiedene Regionen Afrikas verbreitet und gesellschaftlich tief verwurzelt war.

Die einfache Struktur des Mancala-Brettes — bestehend aus Reihen von Mulden, die Samen, Steine oder Bohnen enthalten — macht es zu einem idealen Reisebegleiter, der leicht aufgebaut und fast überall gespielt werden kann. Diese Struktur erlaubte es, dass das Spiel von Generation zu Generation weitergegeben wurde, und förderte seine Verbreitung quer über den afrikanischen Kontinent. In Ostafrika, besonders in Uganda und Kenia, ist das Spiel unter dem Namen „Omweso" oder „Bao" bekannt, während es in Westafrika als „Ayo" oder „Oware" gespielt wird.

Interessanterweise scheint das Spiel sich nicht nur auf Grund der Mobilität der Menschen auszubreiten, sondern auch durch die Handelsrouten, die über den Kontinent laufen, insbesondere entlang der Küsten des Indischen Ozeans und durch die Sahara. Diese Handelsrouten spielten eine entscheidende Rolle bei der Verbreitung kultureller Praktiken und Spiele wie Mancala aus einem zentralen Knotenpunkt heraus zu anderen Regionen.

In der ethnischen und kulturellen Vielfalt Afrikas hat Mancala viele Formen und Namen angenommen. Jede Region modifizierte das Spiel entsprechend ihrer eigenen kulturellen Praxis und Traditionen. Zum Beispiel ist das Spiel im Jemen als „Baggala" bekannt, während es auf Madagaskar „Fanorona" genannt wird. Diese Vielfalt zeigt die lokale Anpassung und die Akzeptanz des Spiels, was es zu einem bedeutenden Teil der Gemeinschaft und des täglichen Lebens gemacht hat.

Die symbolische Bedeutung von Mancala in afrikanischen Kulturen ist nicht zu unterschätzen. Oft wird Mancala als spielerischer Ausdruck landwirtschaftlicher Abläufe interpretiert. Die Samen, die von Mulde zu Mulde verteilt werden, simulieren die Saat, die vom Landwirt gesät wird, um später eine Ernte einzubringen. Dies spiegelt das zyklische Naturverständnis wider, das vielen afrikanischen Kulturen innewohnt. Das Spiel bietet auch eine Plattform für soziale Interaktionen, sei es bei gemeinschaftlichen Zusammenkünften oder bei festlichen Anlässen, wobei es oft darum geht, Fähigkeiten wie strategisches Denken und Geduld zu demonstrieren.

Archäologische, historische und ethnografische Beweise legen nahe, dass Mancala in vielen Regionen Afrikas über

Jahrhunderte hinweg Bestand hatte und dabei zum kulturellen Erbe jeder Gesellschaft beitrug. Es ist ein bemerkenswertes Zeugnis dafür, wie ein einfaches Spiel über Zeit und Ort hinweg Bestand haben und kulturelle Identität formen kann. Heute ist Mancala nicht nur in Afrika, sondern weltweit bekannt, was seine resiliente und universelle Anziehungskraft belegt.

Spielmechanik und Regeln: Eine detaillierte Analyse

Mancala-Spiele, die eine Vielzahl von regionalen Varianten umfassen, gehören zu den ältesten Brettspielen der Welt. Die Grundmechanik von Mancala, das anschaulich als „Sandschaufeln" bezeichnet werden kann, ist einfach und dennoch tiefgründig, was zur Popularität und Beständigkeit des Spiels über Jahrhunderte hinweg beigetragen hat. In diesem Unterkapitel beschäftigen wir uns ausführlich mit den Spielmechaniken und Regeln von Mancala-Spielen, wobei wir uns auf die beiden bekanntesten Varianten konzentrieren: das ostafrikanische Bao und das westafrikanische Oware. Beide Spiele bieten trotz ihrer ähnlichen Grundprinzipien unterschiedliche strategische Herausforderungen und sind repräsentativ für die Vielfalt der Mancala-Spiele.

Grundlegende Spielmechanik

Die grundlegende Spielmechanik von Mancala basiert auf dem Prinzip des „Säens" und „Erntens" von Spielsteinen, die oft als Samen oder Bohnen bezeichnet werden. Ein Mancala-Brett besteht typischerweise aus zwei Reihen von Mulden (Löchern), wobei jede Reihe einem Spieler gehört. Die Anzahl der Mulden variiert je nach Variante, ebenso wie die anfängliche Anzahl der Samen in jeder Mulde.

Das Spiel beginnt, indem ein Spieler alle Samen aus einer seiner Mulden nimmt und diese im Uhrzeigersinn in die nachfolgenden Mulden einzeln verteilt. Wenn der letzte Samen in eine Mulde fällt, die leer ist und auf der eigenen Spielfeldseite liegt, kann der Spieler die Steine aus der gegenüberliegenden Mulde des Gegners ernten und in seinem Vorrat ablegen. Diese Grundregel bildet das Kernprinzip vieler Mancala-Varianten und erfordert sowohl vorausschauendes Denken als auch eine Strategie, um möglichst viele Samen zu sammeln.

Bao: Ein strategisches Juwel Ostafrikas

Bao, weit verbreitet in Tansania und Kenia, wird auf einem Brett mit vier Reihen zu je acht Mulden gespielt. Zu Beginn des Spiels sind in jeder Mulde vier Samen, insgesamt also 128 Samen. Der besondere Reiz von Bao liegt in der

Reihenfolge der Spielzüge, die zwischen den Phasen „Namua" und „Mtaji" wechselt. Namua bezeichnet die Anfangsphase, in der nur bestimmte Mulden verwendet werden dürfen, während Mtaji die allgemeine Spielphase ist, in der alle Mulden bespielt werden können.

Ein markantes Merkmal von Bao ist die „Capturing Rule". Wenn ein Spieler eine Mulde auswählt und dabei Säen durchführt, bis er auf eine voll besetzte Mulde trifft, stoppt er dort kurz und nimmt die Samen aus dieser Mulde und fährt fort zu säen. Diese Regel verleiht dem Spiel eine zusätzliche strategische Ebene, da der Spieler die Möglichkeit hat, einen Zug zu verlängern und damit mehrere Mulden des Gegners leer zu räumen.

Eine weitere beeindruckende Regel von Bao ist das „Kumua". Dabei wird ein Spielstein in eine bestimmte Mulde eingesetzt, was zu einer Kettenreaktion führen kann. Spieler müssen Bewegungen sorgfältig planen, um durch „Kumua" große Erntezüge zu ermöglichen und den Gegner zu schwächen.

Oware: Das Spiel der Ashanti

Oware, auch bekannt als Ayo oder Awélé, zählt zu den bekanntesten Varianten in Westafrika, besonders unter den Akan in Ghana. Das Spielbrett besteht aus zwei Reihen mit je sechs Mulden und zu Spielbeginn befinden sich vier Samen in jeder Mulde, 48 Samen insgesamt.

Die einfache und dennoch tiefe Strategie von Oware liegt in der Eroberung der Samen. Ein Spieler nimmt alle Samen aus einer seiner Mulden und sät sie im Uhrzeigersinn, wobei er eine leere Mulde überspringt. Wenn der gesamte Zug in einer Mulde endet, die zwei oder drei Samen enthält (durch Einschließen des letzten Samens), werden diese Samen geerntet und der Spieler führt seinen Zug fort.

Ein spezieller Aspekt von Oware ist der Einsatz von „Endergebnissen". Wenn das Kartereuer in einer Mulde endet, die zwei oder drei Samen enthält, zieht der Gegner auf der gegenüberliegenden Seite ebenfalls zwei oder drei Samen ein. Dies zwingt beide Spieler, aufmerksam zu planen und zu vermeiden, dass relativ kleine Mengen gesammelt werden, die zu Beginn des Spiels eine große Rolle spielen können.

Zusammenfassung

Die faszinierende Spielmechanik und die klaren, aber komplexen Spielregeln machen Mancala zu einem spannenden und anspruchsvollen Spiel, das Menschen seit Jahrtausenden verbindet. Bao und Oware, zwei der bekanntesten Varianten, demonstrieren eindrucksvoll die Tiefe und Vielfalt der Mancala-Familie. Während Bao mit seinen spezifischen Phasen und „Kumua"-Zügen strategische Planung erfordert, hält Oware durch die breite Verbreitung und die einfache Mechanik die Spieler stets auf Trab. Unabhängig von der Variante steht Mancala symbolisch für die unerschöpfliche Kreativität und den strategischen Denkansatz alter afrikanischer Kulturen.

Kulturelle Bedeutung und soziale Aspekte des Mancala in afrikanischen Gesellschaften

Mancala-Spiele gehören zu den ältesten bekannten Brettspielen der Welt, und ihre kulturelle Bedeutung in afrikanischen Gesellschaften ist tief verwurzelt und vielschichtig. Dieses Kapitel untersucht die verschiedenen sozialen und kulturellen Dimensionen, die Mancala in unterschiedlichen afrikanischen Kulturen einnimmt und wie es über Generationen hinweg weitergegeben wird.

In vielen afrikanischen Gesellschaften ist Mancala weit mehr als nur ein einfaches Spiel. Es hat eine bedeutende soziale Funktion und dient oft als Mittel zur kulturellen Identitätsbildung. Mancala-Spiele wie "Oware" in Ghana oder "Bao" in Tansania sind feste Bestandteile des Alltags. Die Brettspiele werden oft im Schatten großer Bäume oder an zentralen Plätzen der Dörfer gespielt und sind häufig Teil öffentlicher Versammlungen. Auf diese Weise tragen sie zur sozialen Integration und zur Gemeinschaftspflege bei.

Mancala ist auch eng mit den Übergangsriten und kulturellen Traditionen vieler Gesellschaften verbunden. So wird Mancala bei bestimmten Feierlichkeiten und Festivals gespielt. In Ghana etwa sind Mancala-Spiele ein fester Bestandteil bei Hochzeiten und anderen Familienfeiern. Die intellektuelle Herausforderung des Spiels symbolisiert häufig Weisheit und Reife und ist ein wesentlicher Bestandteil der sozialen Erziehung junger Menschen. Ältere Mitglieder der Gemeinschaft spielen oft gegen jüngere, um wichtige Lektionen über Strategie, Geduld und Konzentration zu vermitteln.

Eine weitere kulturelle Dimension des Mancala liegt in seiner Rolle als Gender-Binder. In vielen afrikanischen Kulturen ist Mancala nicht auf eine bestimmte Geschlechterrolle beschränkt, sondern wird sowohl von Männern als auch von Frauen gespielt. Das Spiel bietet eine seltene Gelegenheit zur gleichberechtigten Interaktion und zum Austausch zwischen den Geschlechtern, was in traditionell patriarchalisch geprägten Gesellschaften von großer Bedeutung ist.

Die Handwerkskunst der Mancala-Bretter trägt ebenfalls zur kulturellen Bedeutung des Spiels bei. Die aufwendig geschnitzten Bretter sind oft wahre Kunstwerke, die kulturelle Symbole und Geschichten widerspiegeln. In einigen Kulturen werden die Bretter von Generation zu Generation weitergegeben und gelten als wertvolle Erbstücke. Diese hölzernen Meisterwerke sind oft mit großen Sorgfalt gestaltet und spiegeln die handwerkliche Tradition und das kreative Erbe der jeweiligen Kultur wider. Auch das Material, aus dem das Mancala-Brett gefertigt ist, kann symbolische Bedeutungen haben. In manchen Regionen werden bestimmte Hölzer verwendet, die als heilig gelten und eine besondere spirituelle Bedeutung haben.

Ein weiterer sozialer Aspekt des Mancala ist seine Rolle in der Pädagogik und Erziehung. Das Spiel fördert wichtige kognitive Fähigkeiten wie strategisches Denken, Problemlösungsfähigkeiten und Gedächtnis. In vielen afrikanischen Kulturen wird Mancala daher auch in Bildungseinrichtungen genutzt, um diese Fähigkeiten bei jungen Menschen zu entwickeln. Darüber hinaus dient das Spiel als eine spielerische Methode zur Vermittlung mathematischer Konzepte, da es das Zählen und die Gruppierung von Samen oder Steinen erfordert.

Außerdem hat Mancala in einigen afrikanischen Gesellschaften eine spirituelle Dimension. Einige Kulturen betrachten das Spiel als ein Kommunikationsmittel mit den Ahnen oder als ein Werkzeug zur Wahrsagerei. In bestimmten Kontexten werden Mancala-Partien zur Entscheidungsfindung in wichtigen Angelegenheiten herangezogen, wobei der Ausgang des Spiels als Zeichen oder Botschaft interpretiert wird. Diese spirituellen Aspekte des Mancala tragen zur geheimnisvollen und tiefgründigen Aura des Spiels bei.

Abschließend lässt sich sagen, dass Mancala in afrikanischen Gesellschaften weit mehr ist als ein gewöhnliches Brettspiel. Es ist ein kulturelles Phänomen, das tief in den sozialen, spirituellen und pädagogischen Strukturen verankert ist. Die Betrachtung der kulturellen und sozialen Aspekte von Mancala gibt uns tiefere Einblicke in die außergewöhnliche Rolle, die das Spiel innerhalb der afrikanischen Kulturen einnimmt. Sein Einfluss und seine Bedeutung erstrecken sich weit über den reinen Zeitvertreib hinaus und machen Mancala zu einem eindrucksvollen Zeugen der kulturellen Vielfalt und des reichen Erbes Afrikas.

Das Schachspiel: Ursprung und Entwicklung von West bis Ost

Die Anfänge des Schachs: Ursprung in Indien und Persien

Die Anfänge des Schachs führen uns tief in die antike Welt Indiens und Persiens, wo das Spiel seinen Ursprung nahm. Wie bei vielen kulturellen Phänomenen gibt es verschiedene Geschichten und Legenden über die Entstehung von Schach, doch die meisten Historiker sind sich einig, dass das Spiel erstmals in Indien um das 6. Jahrhundert n. Chr. auftauchte. Hier wurde es als „Chaturanga" bekannt, ein Sanskrit-Wort, das „vier Abteilungen des Militärs" bedeutet: Infanterie, Kavallerie, Elefanten und Streitwagen, welche die Basis der modernen Bauern, Springer, Läufer und Türme bilden.

Historische Belege deuten darauf hin, dass Chaturanga als ein Vier-Personen-Spiel begann, später jedoch für zwei Spieler angepasst wurde. Es handelte sich um ein strategisches Spiel, das sowohl Planungsfähigkeiten als auch Voraussicht erforderte, was es bei der herrschenden

Kriegerkaste Indiens zu einer beliebten Freizeitbeschäftigung machte. Die Regeln des Chaturanga waren zwar nicht identisch mit denen des modernen Schachs, aber es gibt deutliche strukturelle und funktionale Ähnlichkeiten, die eine direkte Entwicklungslinie erkennbar machen.

Chaturanga verbreitete sich rasch nach Westen, insbesondere durch Handelsrouten und militärische Expansion. Als das Spiel nach Persien gelangte, erfuhr es eine Reihe von Anpassungen und wurde als „Shatranj" bekannt. Die Perser, die für ihre kulturellen und wissenschaftlichen Errungenschaften bekannt waren, schätzten Shatranj sehr und betrachteten es sowohl als Unterhaltungsform als auch als Mittel zur geistigen Weiterbildung. Die Perser führten einige Änderungen ein, die das Spiel erleichterten, während sie gleichzeitig die strategische Tiefe beibehielten.

Einige der bedeutendsten Veränderungen betrafen die Rolle und die Bewegung der Spielfiguren. Der indische Elefant wurde zum persischen „Fil", der sich diagonal bewegt, und der indische Streitwagen wurde zum „Rokh", oder Turm, der sich gerade bewegte. Zudem wurde die Figur des „Faris" (General) eingeführt, der später in Europa zum König wurde. Der Shatranj-Brettaufbau und die Aufstellung der Figuren ähnelten stark denen von Chaturanga, aber die

Anpassungen machten das Spiel zugänglicher und strategisch vielfältiger.

Mit der Ausdehnung des islamischen Reiches erreichte Shatranj den Nahen Osten und Nordafrika, wo es in kulturell und intellektuell reiche Zentren wie Bagdad und Kairo übertragen wurde. Hier wurde das Spiel ein fester Bestandteil der höfischen Kultur und oft in literarischen, künstlerischen und wissenschaftlichen Werken erwähnt. Der berühmte persische Dichter Firdausi erwähnt Shatranj in seinem Epos „Schāhnāme", und der Gelehrte Al-Adli schrieb das erste bekannte Buch über die Schachstrategie im 9. Jahrhundert n. Chr., mit dem Titel „Kitab ash-shatranj".

Eine weitere wichtige Rolle spielten die Muslimischen Eroberungen, durch die Shatranj nach Europa gebracht wurde. Im 10. Jahrhundert hatten die Mauren das Spiel auf die Iberische Halbinsel eingeführt, von wo aus es sich über ganz Europa verbreitete. Hier sollte das Spiel unter den Namen „Schach" (vom arabischen „Shah", was König bedeutet) seinen Siegeszug antreten und sich über die Jahrhunderte hinweg weiterentwickeln, um schließlich die Form anzunehmen, die wir heute kennen.

Die Kulturgeschichte des Schachs ist daher ein faszinierendes Beispiel für den Austausch und die Weiterentwicklung von Ideenkonzepten über Jahrhunderte und Kontinente hinweg. Die genauen Spielregeln und Traditionen wandelten sich je nach Kulturbereich, aber die essenzielle Struktur von Schach blieb dabei stets erhalten. Diese frühen Entwicklungen und die kulturellen Anpassungen bildeten die Grundlage für das Spiel, das heute weltweit Millionen Menschen begeistert.

Schach im Mittelalter: Verbreitung über die arabische Welt nach Europa

Schach ist ein Spiel, das nicht nur Generationen von Spielern gefesselt hat, sondern auch eine reiche kulturelle und historische Entwicklung durchmachte. Seine Reise von Indien und Persien in die arabische Welt und schließlich nach Europa ist eine faszinierende Geschichte des kulturellen Austauschs, der wissenschaftlichen Entwicklung und der kontinuierlichen Anpassung. Schach, das heute weltweit als Symbol für strategisches Denken und Intellekt bekannt ist, erlebte im Mittelalter einen beispiellosen Aufstieg in der Beliebtheit und Bedeutung.

Der Verbreitungsweg des Schachs von Indien über Persien in die arabische Welt markiert einen wichtigen Wendepunkt in der Geschichte des Spiels. Die frühesten Hinweise auf Schach stammen aus dem 6. Jahrhundert, als es unter dem Namen „Chaturanga" in Indien gespielt wurde. Während der Expansion des Sassaniden-Reiches wurde Chaturanga nach Persien gebracht, wo es als „Shatranj" bekannt wurde. Die Regeln wurden im persischen Raum weiterentwickelt und verfeinert, wodurch das Spiel strategischer und tiefgründiger wurde. Der persische Dichter Firdausi erwähnt Schach in seinem Epos „Schāhnāme", was die kulturelle Bedeutung des Spiels unterstreicht.

Mit der islamischen Expansion im 7. und 8. Jahrhundert gelangte Shatranj in die arabische Welt. Die Araber waren fasziniert von dem Spiel und trugen maßgeblich zu dessen Verbreitung und Dokumentation bei. Sie übersetzten und kommentierten zahlreiche persische und indische Werke über Schach, dabei entstanden bedeutende Schriften wie das „Kitab ash-shatranj" von Al-Adli und das „Kitab al-mahasin" von Al-Razi. Diese Texte vermittelten nicht nur die Regeln des Spiels, sondern auch Eröffnungen, Strategien und Taktiken.

Das Arabische Kalifat sorgte für die weite Verbreitung des Spiels nach Nordafrika, Spanien und Süditalien. In

Córdoba, einem bedeutenden kulturellen und wissenschaftlichen Zentrum im islamischen Spanien, erlangte Schach eine immense Popularität. Die religiöse und intellektuelle Elite der islamischen Welt betrachtete das Spiel nicht nur als Unterhaltung, sondern auch als Mittel, um Logik und strategisches Denken zu schulen.

Im Zuge der Reconquista und der Kreuzzüge drang Schach schließlich ins christliche Europa vor. Im 11. und 12. Jahrhundert erlangte das Spiel bei den europäischen Adligen und Königen große Beliebtheit. Die Könige und Herrscher des Mittelalters sahen in Schach ein Spiegelbild der königlichen Macht und der militärischen Strategie. Schach fand Eingang in die höfische Kultur und Literatur; der berühmteste Beleg hierfür ist das Schachgedicht „Versus de scachis" des Normannen Fraser of Gawain aus dem 12. Jahrhundert.

Das mittelalterliche Schach unterschied sich dennoch in einigen Aspekten vom modernen Spiel. So waren die Bewegung und Bedeutung einiger Figuren unterschiedlich. Beispielsweise konnte der „Fers" (die heutige Dame) nur ein Feld diagonal ziehen und der „Alfil" (der heutige Läufer) sprang zwei Felder diagonal. Im 13. Jahrhundert kam es zur ersten großen europäischen Abwandlung des Spiels,

wodurch die Bewegungsfreiheit der Figuren erweitert
wurde.

Einen besonderen Beitrag zur Evolution des Spiels leisteten
die Schachmeister und Autoren des Mittelalters, wie Jacobus de Cessolis mit seinem Werk „Liber de moribus
hominum et officiis nobilium sive super ludo scacchorum",
welches die moralischen und lehrreichen Aspekte des
Schachs hervorhob. Seine Arbeit inspirierte spätere Überset-
zungen und Adaptionen in ganz Europa und festigte die Bedeutung des Schachs im gesellschaftlichen und kulturellen
Kontext.

Zusammenfassend kann gesagt werden, dass die Verbreitung des Schachs über die arabische Welt nach Europa auf
einen intensiven kulturellen Austausch und Bemühungen
zur Wissensbewahrung und -weitergabe zurückzuführen
ist. Das Schachspiel des Mittelalters war nicht nur ein Spiel,
sondern ein symbolischer Mikrokosmos der mittelalterlichen Welt und ihrer Werte. Seine Entwicklung während
dieser Zeit markiert einen entscheidenden Schritt auf dem
Weg zu dem Spiel, das wir heute kennen und schätzen.

Zitate:
Firdausi, „Schāhnāme".
Al-Adli, „Kitab ash-shatranj".

Al-Razi, „Kitab al-mahasin".

Jacobus de Cessolis, „Liber de moribus hominum et officiis nobilium sive super ludo scacchorum".

Fraser of Gawain, „Versus de scachis".

Das Schachspiel in Asien: Varianten und kulturelle Einflüsse in China und Japan

Das Schachspiel hat sich über viele Jahrhunderte hinweg entwickelt und dabei eine Vielzahl von Variationen und kulturellen Einflüssen aufgenommen. Insbesondere in Asien hat das Spiel nicht nur zahlreiche Anhänger gefunden, sondern auch einzigartige Varianten hervorgebracht, die die kulturellen Besonderheiten der betreffenden Regionen reflektieren. Zwei der bekanntesten asiatischen Schachvarianten sind das chinesische Schach, bekannt als Xiangqi, und das japanische Schach, bekannt als Shogi. Beide Spiele sind tief in der jeweiligen Kultur verwurzelt und bieten spannende strategische Herausforderungen, die sich von der traditionellen westlichen Schachversion unterscheiden.

Xiangqi: Die chinesische Schachvariante

Xiangqi, auch als "Elefanten-Spiel" bekannt, ist eine der beliebtesten Brettspielvarianten in China. Das Spielbrett besteht aus neun vertikalen und zehn horizontalen Linien und unterscheidet sich dabei maßgeblich vom 8x8-Gitter des westlichen Schachs. Eine der auffälligsten Besonderheiten von Xiangqi ist der "Fluss", eine horizontale Linie, die das Spielfeld in zwei Hälften teilt. Diese Linie repräsentiert den Jangtse, der größte Fluss Chinas.

Die Spielsteine in Xiangqi umfassen Generäle, Berater, Elefanten, Pferde, Wagen, Kanonen und Soldaten, und jeder dieser Steine hat spezifische Bewegungsregeln. Besonders interessant sind die Kanonen, die wie Türme im westlichen Schach agieren, aber nur angreifen können, wenn sie über einen anderen Stein springen. Diese Regel verleiht Xiangqi eine dynamische und taktische Tiefe, die den Spielern ermöglicht, kreativ und unvorhersehbar zu agieren.

Xiangqi hat tiefe historische und kulturelle Wurzeln in China. Es wird angenommen, dass das Spiel während der Zeit der Streitenden Reiche (475–221 v. Chr.) entstanden ist und seine Regeln im Laufe der Jahrhunderte verfeinert wurden. Xiangqi ist nicht nur ein Spiel, sondern ein Teil des chinesischen kulturellen Erbes, der die Mentalität und die historischen Kriegsstrategien Chinas reflektiert.

Shogi: Das japanische Schach

Shogi, oft als japanisches Schach bezeichnet, ist eine weitere faszinierende Variante des Spiels, die sich durch ihren innovativen und flexiblen Spielansatz auszeichnet. Das Shogi-Brett besteht aus einem 9x9-Gitter, und die Spielsteine beinhalten König, Gold-Generäle, Silber-Generäle, Springer, Lanzen, Läufer und Türme, zusammen mit einer Vielzahl von Bauern. Eine der einzigartigsten Eigenschaften von Shogi ist das "Dropsystem", das es Spielern erlaubt, geschlagene Steine wieder auf dem Brett einzusetzen.

Das Dropsystem führt zu einem dynamischeren Spielverlauf, da die Spieler ständig neue Steine auf das Brett setzen und somit immer wieder neue strategische Situationen entstehen. Diese Regel unterscheidet Shogi maßgeblich vom westlichen Schach und fördert ein endloses Spielfeld an Möglichkeiten und Taktiken.

Shogi hat ebenso wie Xiangqi eine lange Geschichte. Es wird angenommen, dass es im 10. Jahrhundert aus einer früheren Schachvariante namens "Chaturanga" entstanden ist, die über China nach Japan gelangt ist. Shogi spiegelt die Disziplin und den taktischen Scharfsinn, die in der japanischen

Gesellschaft geschätzt werden, wider. Es gibt zahlreiche historische Aufzeichnungen und Kunstwerke, die die Bedeutung des Spiels in der japanischen Kultur zeigen.

Zusätzlich zu ihrem kulturellen Wert haben sowohl Xiangqi als auch Shogi ihren Platz in der modernen Welt gefunden. Beide Spiele werden weltweit gespielt und geschätzt und es gibt zahlreiche Turniere und Wettbewerbe, die ihren einzigartigen Stil und ihre strategischen Nuancen feiern.

Abschließend lässt sich sagen, dass Xiangqi und Shogi nicht nur einfache Schachvarianten, sondern kunstvolle Spiele sind, die tief in der Kultur und Geschichte ihrer Herkunftsländer verwurzelt sind. Sie bieten einzigartige Möglichkeiten für strategisches Denken und verkörpern gleichzeitig die reiche Tradition und den Geist ihrer Kulturen.